AF247819

Grèce
8° J
1270

LE PATRIARCAT DE CONSTANTINOPLE

ET

L'ORTHODOXIE

DANS LA TURQUIE D'EUROPE

CONSIDÉRATIONS VISANT A FACILITER
LA SOLUTION DE LA QUESTION DES ÉGLISES ET DE L'ENSEIGNEMENT
DANS LA TURQUIE D'EUROPE

PAR

CONSTANDINE

Traduit du serbe par J. C.

PARIS

IMPRIMERIE ERNEST FLAMMARION

26, rue Racine, 26

1895

LE PATRIARCAT DE CONSTANTINOPLE

ET

L'ORTHODOXIE DANS LA TURQUIE D'EUROPE

IMPRIMERIE E. FLAMMARION, 26, RUE RACINE, PARIS.

LE PATRIARCAT DE CONSTANTINOPLE

ET

L'ORTHODOXIE

DANS LA TURQUIE D'EUROPE

CONSIDÉRATIONS VISANT A FACILITER
LA SOLUTION DE LA QUESTION DES ÉGLISES ET DE L'ENSEIGNEMENT
DANS LA TURQUIE D'EUROPE

PAR

CONSTANDINE

Traduit du serbe par J. C.

———

PARIS

IMPRIMERIE ERNEST FLAMMARION

26, rue Racine, 26

—

1895

LE PATRIARCAT DE CONSTANTINOPLE

ET

L'ORTHODOXIE DANS LA TURQUIE D'EUROPE

I

Les convoitises d'une ambition inassouvie et d'un patriotisme étroit n'ont fait qu'ébranler sans cesse le trône de l'Église œcuménique de Constantinople et, dernièrement encore, elles ont provoqué un nouveau changement de personne sur le trône de cette Église. Le dernier chef suprême de l'Église œcuménique, Néophyte VIII, en pleine possession de ses forces physiques et intellectuelles, élevé à cette haute position il y a à peine trois ans, y a été remplacé, après avoir donné sa démission, qu'il est difficile de comprendre et d'expliquer. Néophyte se retira dans la vie privée où se trouve déjà un de ses précédesseurs, Joachim III.

Dans un laps de temps bien court, une dizaine d'années à peu près, des quatre patriarches qui ont occupé le trône œcuménique, deux se sont retirés, deux autres sont morts dans l'exercice de la mission qui leur avait été confiée par la grâce du Saint-Esprit.

Le dernier changement sur le trône œcuménique s'est produit inopinément. Les motifs qui l'ont provoqué, sont commentés de différentes manières.

D'après certaines versions, que d'ailleurs personne ne conteste, le vrai motif qui a amené la démission de Néophyte VIII, c'est la profonde divergence d'opinions qui existait entre ce prélat et ses conseillers du Phanar, sur la façon de diriger les affaires de l'Église œcuménique.

Les uns ont prétendu que les conseillers phanariotes désiraient voir le patriarche engager une lutte plus vive contre le schisme de l'Exarchat bulgare, pour le faire rentrer, avec le concours des autres Églises indépendantes orthodoxes, dans le giron de l'observance des lois de l'Église œcuménique; on a également prétendu que Néophyte VIII avait donné son consentement formel à cette politique; mais que, devant l'opinion contraire émise par la Sublime Porte, il avait cédé et refusé son concours à l'exécution des projets élaborés avec ses conseillers.

On affirme, d'un autre côté, que le patriarche avait promis au roi Alexandre Ier, lorsque Sa Majesté visita Constantinople au mois de juin 1894, de donner enfin satisfaction aux droits et de prendre en considération les réclamations fondées des Serbes orthodoxes de la Turquie, concernant leur désir de voir la direction de leurs diocèses confiée à des prélats de nationalité serbe qui apporteraient plus de zèle et de bonne volonté à relever l'instruction et la religion, complètement négligées, des Serbes en Turquie. On dit que le roi Alexandre avait assuré le patriarche que, dans cette question, il ne trouverait aucun obstacle du côté de la Sublime Porte, vu que dans le cours même de ce siècle, le Patriarcat de Constantinople (1) avait eu sous ses ordres plusieurs évêques de nationalité serbe, et que jusqu'à l'année 1766 le Patriarcat de Petch, avec les droits autonomes connus, que les Turcs accordaient régulièrement aux cultes non-musulmans, s'était également trouvé sous la dépendance turque. Nous ignorons la conversation que le roi Alexandre a eue avec le patriarche; mais, ce que nous savons, c'est qu'elle a été l'objet de nombreux articles dans les journaux et de nombreux commentaires dans le peuple; on prétend même que cette conduite du patriarche a soulevé dans le milieu des conseillers phanariotes un grand mécontentement contre Néophyte VIII et que ce mécontentement aurait grandement contribué à provoquer la démission de ce prélat. Il se peut que les trop scrupuleux messieurs du Phanar se soient effrayés à l'idée de voir Néophyte VIII remplir, ne serait-ce qu'une partie, de ce qu'on prétend qu'il aurait promis au roi Alexandre.

---

(1) Nous citerons plus tard, avec indication de la date, les Serbes qui ont été, depuis 1766, placés à la tête d'un évêché.

Mais, en comparant le premier motif ci-dessus signalé, ayant trait à la lutte contre l'Exarchat bulgare, avec le second que nous venons d'exposer, on remarque qu'ils se contredisent, du moins à notre sens. C'est pourquoi il est bien difficile de savoir ce que veulent au juste les conseillers phanariotes qui, pour élire le patriarche, invoquent le Saint-Esprit et immédiatement après rendent au patriarche élu tout travail impossible, sans se préoccuper davantage du Père, du Fils et du Saint-Esprit.

Voilà en quoi consistent ces contradictions.

Si l'on désire refouler l'autorité de l'Exarchat bulgare dans ses limites naturelles, c'est-à-dire dans la principauté Bulgare, chose d'autant plus facile que l'Exarchat lui-même a préparé un terrain propice, on devra commencer par se montrer plus libéral envers les éléments slaves, restés encore sous l'autorité de l'Église œcuménique de Constantinople. Voilà, d'après nous, la seule voie à suivre pour obtenir ce résultat. En écartant les causes on écarte par là même les conséquences. Quoique l'Exarchat bulgare doive son existence aux visées politiques de la diplomatie russe et ottomane, de 1856 jusqu'en 1870, il n'aurait pu quand même se former, sans certains motifs intérieurs très justifiés, tels que les plaintes multiples contre le mauvais choix des évêques grecs et leur négligence envers l'instruction publique, ce qui, par anticipation, avait rallumé les inquiétudes dans les masses. Si les motifs qui ont provoqué ce mécontentement avaient pu être écartés à cette époque et si la question religieuse gréco-bulgare, au lieu de se terminer par le schisme, avait pu être résolue par des concessions faites par la Grande Église dans un sens libéral, l'Église de la Principauté bulgare serait devenue vis-à-vis du Patriarcat ce que sont devenues successivement les églises serbe, grecque, roumaine et, dans les derniers temps, l'Église même de Bosnie et d'Herzégovine. Si l'on n'était pas allé jusqu'à proclamer le schisme, le siège de l'Église bulgare ne serait pas aujourd'hui à Constantinople et les diocèses de la Principauté ne se seraient pas trouvés sous la même direction que les diocèses bulgares de l'Empire ottoman.

Mais, si le Patriarcat avait vraiment voulu éviter cet état de choses, nous nous demandons alors pourquoi l'on s'est montré si injustement mécontent envers Néophyte VIII, lorsque ce prélat, instruit par l'histoire, a montré un peu de bonne volonté pour donner enfin satisfaction aux Serbes de la Turquie, espérant empêcher par ce moyen la création d'un courant d'idées semblable à celui qui a créé l'Exarchat bulgare? Pourquoi a-t-on fait semblant d'oublier qu'avec les idées de notre siècle, le progrès est intimement lié à la tolérance libérale et qu'il est incompatible avec l'esprit exclusif dont les Grecs étaient animés dans leurs luttes contre les Bulgares et dont ceux-ci se servent à leur tour comme d'une arme contre les Grecs et les Serbes?

En dehors de cette politique de tolérance, que nous considérons comme la meilleure, il y en a une autre qui, d'après nous, serait la cause de cette constante divergence de vues entre le Patriarche et les phanariotes. Nous croyons pouvoir dire que la politique, qui tend au rétablissement de l'état général tel qu'il existait avant la création de l'Exarchat (*status quo ante*), sans prendre en considération tout ce qui s'est accompli avant et après sa fondation, est la cause principale de cette mésintelligence entre le Patriarche et ses conseillers.

Nous exposerons plus tard comment, dans le cours de ces derniers siècles, les Églises autocéphales se sont séparées les unes après les autres dans la Péninsule balcanique. Quoique le siège autocéphale de l'Évêché d'Ochride se soit conservé pendant tout le moyen âge dans l'Empire Byzantin, le Patriarcat de Constantinople a néanmoins travaillé par tous les moyens à rétablir l'unité des Églises orthodoxes dans les contrées byzantines de la Péninsule balcanique. Mais, jusqu'en 1757, bien des circonstances ont cependant empêché la réalisation complète de ce vœu.

Les guerres austro-turques, à la fin du XVIIe et au commencement du XVIIIe siècle, ont grandement contribué à la création d'un courant d'idées favorable à cette unité, et Constantinople en a profité pour supprimer, pour la seconde fois en 1766, l'Église restaurée autocéphale de Petch et en 1767 celle d'Ochride. C'est ainsi que sous la domination turque le trône patriarcal de Constantinople parvint à étendre son autorité sur un terrain qu'il ne possédait pas même aux plus beaux jours de l'Empire Byzantin. L'immense territoire qui recevait ses prélats du Phanar s'étendait depuis la mer Noire jusqu'à la mer Adriatique, depuis les Karpathes roumains et le Danube jusqu'à Constantinople, et de la Save jusqu'à Salonique.

Que d'ironie dans la destinée de ce trône œcuménique dont la prospérité et la grandeur arrivent peu à peu à dépendre du maintien et de la grandeur d'un empire non chrétien! Il en est pourtant ainsi, et cet état de choses subsiste depuis 1766.

Lorsque le mouvement national éclata au commencement de

ce siècle, dès qu'un État se détachait de l'Empire ottoman, son Église s'affranchissait également du patriarcat pour se constituer en église indépendante et, à mesure qu'un des États détachés de la Turquie se fortifiait et s'étendait, l'étendue de l'Empire ottoman et en même temps celle du Patriarcat œcuménique diminuaient dans les mêmes proportions.

Les évêques du Phanar qui, dans le temps, ne montaient que des chevaux de prix, escortés d'une suite nombreuse, aujourd'hui se servent, à Constantinople, des moyens de locomotion les plus démocratiques qui sont à la portée de tout le monde, et mènent un train de vie de plus en plus modeste.

Mais, malgré le changement de vie, les traditions n'ont pas changé et, bien que les circonstances se soient modifiées, la tactique est restée toujours la même.

Dans l'ancien Empire Byzantin (Empire d'Orient), l'Empire grec n'existait ni de fait ni de nom, et pourtant c'était le centre qui imposait aux parties les plus éloignées de l'Empire son caractère et son influence.

Le royaume de Grèce, cette branche ressuscitée de l'Empire d'Orient, brille aujourd'hui aux yeux des patriotes grecs, comme une étoile précurseur des temps meilleurs. Quoique depuis 1766 jusqu'en 1830, tous les intérêts se fussent concentrés au Phanar, qui représentait le centre de l'ancien Empire, à partir de 1830, ce même Phanar s'est pourtant soumis à Athènes, d'où il attendait que la démocratie éclairée lui indiquât la ligne de conduite à suivre. Bien que, avant 1830, l'hellénisme ne fût profitable qu'aux intérêts du Phanar, à partir de cette époque il sert les aspirations patriotiques des nouveaux Athéniens. En changeant les raisons on n'a pas eu toutefois besoin de changer de tactique, car le but à atteindre était resté toujours le même.

Mais, lorsque le mouvement national eût une fois commencé, lorsque les Serbes, les Grecs et les Roumains furent plus ou moins satisfaits, par la création de leurs États respectifs et par les droits politiques qui leur furent accordés — ce fut ensuite le tour des Bulgares. Ne sachant comment répondre à ces nouvelles réclamations et n'ayant sous la main d'autre issue, on espéra pouvoir les satisfaire au détriment du Patriarcat, et c'est là l'origine de l'Exarchat bulgare. Au lieu de consentir à des concessions et à un compromis, la Grande Église prononça des anathèmes; au lieu d'avoir devant soi une Église autocéphale, on se trouva en face du schisme.

C'est ainsi que fût rompue, après avoir duré plus de cent ans, l'unité administrative de l'Église orthodoxe dans les provinces turques de la Péninsule balcanique.

Ce sont là des événements préalables qui nous serviront à nous rendre compte des désirs et des aspirations actuels des conseillers phanariotes.

Si les conseillers phanariotes ne désirent pas, comme du moins ils en ont l'air, donner satisfaction aux Serbes restés encore sous la domination des Turcs, on est bien embarrassé de savoir s'ils veulent réellement borner aux limites de la Principauté bulgare l'exercice de l'autorité de l'Exarchat.

Les Églises serbe, grecque, monténégrine et roumaine et même l'Église de Bosnie et d'Herzégovine, qui s'est également séparée, ne pouvant exercer leur autorité en dehors des frontières politiques de leurs États respectifs, on se demande tout naturellement si les conseillers phanariotes songent à trouver des moyens pour empêcher l'Église bulgare de posséder seule sous son autorité tant de diocèses qui se trouvent en dehors de la Principauté.

Mais, en admettant même de leur part un tel désir, il reste pourtant toujours en contradiction avec les moyens employés pour le réaliser.

Il est impossible, à l'heure actuelle, de réunir encore une fois, au bénéfice exclusif des familles grecques du Phanar, l'autorité déjà rompue. Si l'unité du pouvoir ne signifie pas un monopole d'avantages pour les familles grecques ; si l'unité de l'Église orthodoxe dans les provinces turques de la Péninsule balcanique ne signifie pas l'unité de la propagande grecque — on trouvera certainement beaucoup de personnes disposées à travailler à la réalisation de cette unité. Si les administrations des Églises grecque et bulgare renonçaient aux abus dont elles se servaient pour la propagande nationale exclusive, cette unité de l'Église dans la Turquie d'Europe pourrait en effet se réaliser.

Peut-on espérer, à l'heure qu'il est, après la création de l'Exarchat schismatique, que les Grecs parviennent vraiment à reconquérir ce que leur a fait perdre un pur entêtement, dont les conseillers phanariotes semblent encore ne pas vouloir se départir ?

Il est difficile de répondre à cette question d'une manière positive. Et si les Patriarches, que ce conflit avait forcés de démissionner, pensent réellement le contraire, s'ils sont vraiment animés d'un esprit de tolérance, leurs idées seraient plutôt de nature à amener une solution favorable.

Si les Grecs, maîtres du Patriarcat, continuent à se servir envers les Serbes et les Roumains de la Turquie d'Europe, des mêmes procédés qui ont jadis contribué à créer l'Exarchat à l'aide des éléments serbes et bulgares, — l'Église orthodoxe ne connaîtra plus la paix, les tiraillements continueront et, en admettant même que cette conduite ne fasse pas naître un nouvel Exarchat et qu'elle ne rétablisse pas les Patriarcats de Petch et d'Ochrida, les éléments mécontentés chercheront néanmoins sans trêve tous les moyens pour combattre l'esprit étroit et exclusif de l'administration grecque. Et comme cette administration ne peut pas s'appuyer sur les organes de l'Empire, car la Sublime Porte sera obligée de suivre la ligne de conduite que ses intérêts d'État lui commanderont, intérêts qui sont en désaccord avec les tendances du Patriarcat, ce dernier, par son entêtement prolongé, n'arrivera jamais à reconquérir ce qu'il a perdu; tout au contraire, il s'affaiblira de plus en plus jusqu'au jour où, par la force des choses, il disparaîtra pour faire place à une institution plus raisonnable.

Nous ignorons les idées dont les Patriarches démissionnés sont inspirés. Mais, s'ils ne pensent pas que l'unité de l'Église se trouve dans l'unité de la propagande nationale grecque; s'ils croient que l'unité de l'orthodoxie peut se réaliser par la tolérance et par la réparation des fautes qui ont jadis provoqué la regrettable scission bulgaro-grecque, — leurs idées seraient certainement saluées et accueillies avec joie par tous les amis de l'orthodoxie, excepté la coterie des chauvins bulgares et grecs qui, tout en se combattant, ne font que commettre la même erreur.

Ces feuilles sont destinées à apporter un peu de lumière dans la question si intimement liée au sort politique des peuples de la Péninsule balcanique. En les publiant, nous n'avons été inspirés que par l'amour que nous portons à l'orthodoxie et à la race slave. La tâche que nous avons entreprise, c'est de faire voir comment on s'y est pris dans le temps pour applanir les désaccords semblables à ceux qui sont aujourd'hui à l'ordre du jour. Nous essayerons d'expliquer les causes qui ont ranimé, en 1766-1767, lorsque l'unité de l'Église fut reconstituée, les vieilles rancunes; nous tâcherons également d'indiquer les voies que la Grande Église devrait suivre si elle tient à répondre à la mission qui lui incombe en sa qualité d'Église œcuménique, et si elle a à cœur de défendre les intérêts de l'unité de l'Église, que les amis de la religion ne peuvent que désirer ardemment.

II

Lorsqu'une fois le christianisme se fut répandu dans toute la Péninsule balcanique et que les troubles occasionnés par la migration des tribus et des peuples eurent produit comme résultat la formation d'États nationaux aspirant à une indépendance complète vis-à-vis de Constantinople, la question de l'indépendance des Églises fut soulevée à son tour immédiatement après. Déjà, en 535, l'empereur Justinian créa à l'ouest de la Péninsule balcanique, le centre ecclésiastique d'une église autocéphale (ultérieurement l'archevêché d'Ochrida); l'existence de cette église autocéphale contribua à affaiblir les motifs de jalousie et à empêcher dans une certaine mesure les discordes de naître. Quant à l'est de la Péninsule balcanique, dès que le christianisme se fut affermi dans l'Empire bulgare, les questions se rapportant à l'Église ne tardèrent pas de ranimer l'antagonisme politique qui régnait déjà entre l'Empire bulgare et l'Empire byzantin.

Boris, le célèbre souverain bulgare, embrassa le christianisme en 864. Immédiatement après se posa la question de savoir de qui dépendrait l'Église nouvellement créée de son Empire et comment le patriarche de Constantinople, qui se trouvait lui-même sous l'influence du plus grand adversaire de Boris, pourrait bien avoir sous son autorité l'Église bulgare et ses dignitaires dans la Bulgarie christianisée. La difficulté de trancher cette question a amené Boris à adresser au pape, en 866, certaines questions en cherchant l'appui de l'Église à Rome, dont politiquement il n'avait rien à redouter. Il est tout naturel qu'il ne pouvait pas convenir aux cercles politiques de Constantinople de voir établir à leurs portes mêmes cette Rome, avec laquelle ils avaient depuis longtemps des démêlés à propos des questions d'autorité ecclésiastique. C'est pourquoi, en 870, Constantinople consentit à la création d'une Église indépendante dans l'Empire bulgare et à la consécration d'un premier archevêque autocéphale bulgare et des dix autres évêques.

C'est alors que fût établi en quelque sorte le principe d'après lequel devaient dorénavant se résoudre tous les différends qui pourraient surgir lorsqu'il viendrait à s'ériger dans les provinces orthodoxes d'une circonscription ecclésiastique un État indépendant à tendances particulières.

A partir de 870, des cas semblables sont devenus assez fréquents ; mais, dans le courant de la seconde moitié du XIIIe siècle, ils se renouvelèrent d'autant plus souvent que l'Empire byzantin, ébranlé déjà en 1204 par l'occupation des croisés, marchait vers sa chute inévitable. La séparation d'un État a été ordinairement suivie de la séparation de son Église, et l'étendue du domaine sous lequel s'exerçait l'autorité d'une Église se renfermait toujours dans le territoire de l'État dont elle dépendait ; aussi, avec le changement du territoire d'un État, l'étendue de l'autorité de son Église changeait également. C'est ainsi que les diocèses de toutes les provinces, qui se sont alternativement trouvées dépendantes, soit de Constantinople, soit de la Bulgarie ou bien de la Serbie, ont invariablement suivi le sort politique de ces provinces. La circonscription du siège épiscopal d'Ochrida, vu certaines circonstances toutes spéciales, a parfois fait exception à cette règle. On a dernièrement fait publier une grande partie de la correspondance de Demètre Homatian, archevêque d'Ochrida. Cette correspondance nous fait voir que lorsque l'empereur Arsène II conquit et occupa, pendant un certain temps — depuis 1230 jusqu'en 1246, — le nord de la Macédoine avec Ochrida, il y fit remplacer les anciens évêques grecs par des évêques bulgares, quoique ces contrées fissent partie de la circonscription épiscopale d'Ochrida.

Au moment où l'État serbe commença à se consolider et que, par suite, il éprouva le besoin de se séparer à son tour, les provinces serbes faisaient partie de la circonscription épiscopale d'Ochrida à laquelle, vu leur situation géographique, elles appartenaient depuis l'antiquité. Il est bien évident que l'archevêché d'Ochrida voyait avec regret l'Église serbe se détacher de son sein pour se constituer en Église indépendante.

En 1218-1249, lorsque Saint-Sava entreprit de régler cette question au profit de la Serbie, voici quelle était la situation de la Péninsule balcanique : Le Bas-Empire n'existait plus dans la Péninsule balcanique. Les croisés latins d'Occident étaient maîtres de Constantinople. Les Serbes et les Bulgares avaient leurs États. Les côtes méridionales de la Péninsule, avec les

principales provinces du Royaume de Grèce actuel, se trouvaient entre les mains des gentilshommes croisés d'Occident.
Les despotes d'Épire, en constituant un État dont les frontières
du Nord touchaient la Serbie, étaient à cette époque les vrais
représentants de l'idée de l'État grec de Byzance. Mais le vrai
soutien du nom et de l'idée du Bas-Empire s'est trouvé en Asie
Mineure, au sud de la mer de Marmara, où se conservèrent encore
quelques provinces ayant appartenu à l'ancien Empire. En même
temps que l'empereur romain d'Orient, le patriarche œcuménique
de Constantinople avait aussi établi son siège épiscopal à Nicée,
devenue capitale provisoire.

Telles étaient les circonstances politiques au milieu desquelles
l'esprit profondément politique de Saint-Sava eut l'idée de former
l'Église et l'école serbes.

Mais Saint-Sava ne se faisait pas d'illusions; il savait très bien
qu'il ne pouvait pas compter que les besoins nationaux serbes
seraient envisagés d'une manière libérale par l'évêché d'Ochrida.
Aussi, il résolut de se passer tout à fait de l'évêché en s'adressant
directement au siège de l'Église œcuménique, à Nicée, pour les
décrets dont il avait besoin.

N'ayant plus de possessions en Europe, l'Empereur et le
patriarche étaient devenus très disposés aux concessions, d'autant
plus qu'entre eux et le despote d'Épire, qui était alors souverain
politique d'Ochrida, régnait un vif antagonisme, qui dégénéra
plus tard en guerre ouverte.

A son retour de Nicée en Serbie, Saint-Sava commença à mettre
à exécution ses projets. Désirant, sans doute, remplacer l'évêque
de Prisren par un prélat plus digne et plus instruit, il sut obtenir
sa démission. L'archevêque d'Ochrida, Demètre Homatian, formula
des protestations contre cet acte de Saint-Sava, qu'il qualifia
d'incorrect; il le menaça d'excommunication et envoya près
de lui, en qualité de son commissaire, Jean, évêque d'Uskub.
Le conflit s'est probablement terminé par un compromis, dont
nous ignorons la teneur, faute de documents s'y rapportant.
Dans cette circonstance, comme dans tant d'autres, l'Église
grecque a fourni des preuves de l'esprit étroit et exclusif dont
elle est animée.

Les pays détachés de l'archevêché d'Ochrida, qui constituèrent
le nouvel archevêché serbe sous le sceptre de Saint-Sava, et qui
n'avaient qu'un seul évêque sous la direction d'Ochrida, furent
divisés en huit évêchés par Saint-Sava.

Les évêques de Saint-Sava trouvèrent un vrai chaos dans tout ce qui concerne l'accomplissement des devoirs et des services religieux : conséquences inévitables du manque de zèle et de l'insuffisance du personnel. Ce fut également à cette époque qu'on introduisait en Serbie le droit civil romain, ainsi que le droit ecclésiastique; en un mot, la civilisation commença à pénétrer dans le pays.

En prenant d'un côté en considération la cause que défendait l'archevêque d'Ochrida et, d'un autre côté, en voyant tous les progrès réalisés par Saint-Sava, peut-on ne pas s'étonner de l'esprit vraiment étroit et exclusif dont le prélat d'Ochrida fit preuve dans cette circonstance? S'est-il mis au service de la religion et de l'instruction, au développement desquelles se sont voués avec tant de dévouement les célèbres apôtres slaves Cyrille et Méthode, qui étaient également des Grecs et des disciples grecs? ou bien l'archevêque d'Ochrida n'a-t-il été que le représentant d'intérêts locaux et éphémères, qui ont toujours tellement nui aux grandes questions se rapportant à la religion et à l'instruction publique en les faisant sans cesse reculer?

Toutes ces questions sont réglées depuis longtemps, et la génération d'aujourdhui est indifférente pour ceux qui y ont joué un rôle. Mais la conduite de l'archevêché d'Ochride est condamnée par les événements qu'elle a provoqués, qui, s'ils n'ont point nui aux Grecs, ont néanmoins contribué à faire de tout un peuple un pilier solide de l'orthodoxie, dont le dévouement à la religion a été attesté par de nombreux sacrifices et par les flots de sang versés par ses plus nobles enfants et ses héros.

Il est hors de doute qu'on ne serait jamais arrivé à cet état de choses, si, dans la première moitié du XIIIe siècle. Saint-Sava n'avait pas fondé l'Église indépendante serbe, en lui inspirant l'amour de la nationalité serbe. L'Église a embrassé la cause du peuple et celui-ci a donné à l'Église tout ce qu'il a pu lui donner, de sorte qu'on peut dire, sans exagération, que cette œuvre de Sava-Némanitch, le premier et le plus grand saint national, a survécu à toutes les autres œuvres de la dynastie de Némanitch et les a maintenues gravées dans le souvenir du peuple.

Lorsque, en 1261, l'Empereur et le patriarche quittèrent Nicée pour retourner à Constantinople, et lorsque la Péninsule balcanique eut pour ainsi dire retrouvé son état normal, nous y voyons ensemble quatre Églises autocéphales : l'Église de Constantinople, tête de l'orthodoxie tout entière; l'Église d'Ochrida, ayant sous son autorité les provinces de l'Ouest : l'Église de Tirnova pour la Bulgarie, et l'Église de Petch pour la Serbie. En dehors de l'Église d'Ochrida, la sphère du pouvoir des autres Églises n'a jamais dépassé les frontières politiques de l'État auquel elles appartenaient.

Le Despotat d'Épire ayant manifesté de temps à autre. sous le couvert de l'évêché d'Ochrida, certaines tendances séparatistes, les quatre Églises entretenaient également des visées politiques.

Cet état a duré jusqu'à la conquête définitive des Turcs. Constantinople a toujours rêvé de rétablir l'unité ecclésiastique ; mais les circonstances ont toujours empêché même de songer à quelques changements.

Lorsque cependant les changements commencèrent à se produire, ce fût d'une manière particulièrement intéressante.

L'Église de Tirnova, celle-là même qui avait été la première à se séparer de l'Église de Constantinople. fut aussi la première qui, par une conséquence assez curieuse de la conquête turque, rentra la première sous son giron.

Lorsque, en 1393, les Turcs s'emparèrent de Tirnova. après un siège de trois mois, ils chassèrent le patriarche Jevtimié et commirent dans la capitale bulgare des actes d'une barbarie atroce. Le trône de l'Église indépendante bulgare se trouva donc vacant. Ce malheur jeta un tel désarroi et l'accablement fut si grand, qu'on ne sut même trouver aucun moyen de placer sur le trône vacant un enfant du pays. Et quoique à cette époque Constantinople ne fût pas encore sous la domination turque, le patriarche de Constantinople ordonna néanmoins, en 1394. au métropolitain de Moldavie de prendre sous sa direction le siège épiscopal de Tirnova, ce que celui-ci fit en effet.

En 1402, le siège de Tirnova fut occupé par un métropolitain spécial sous la suprématie du Pataiarcat de Constantinople. C'est ainsi que l'Église bulgare fût unie à l'Église de Constantinople bien avant la chute finale de l'Empire bysantin.

Avec l'Église de Petch, les choses se passèrent autrement. Elle survécut à la chute de Constantinople ; mais son sort fut différent de celui de l'Église de Constantinople.

On sait que le sultan Mehmed, après la chute de Constantinople, se réconcilia avec l'Église de Constantinople. Il détruisit l'Empire, mais il ne crut pas nécessaire d'anéantir l'Église. C'est de cette époque et de cette réconciliation que datent les privilèges qui sont aujourd'hui encore la base des droits de la grande Église dans l'Empire ottoman. Dans ces derniers temps, la Sublime Porte, invoquant les principes du droit public, tels qu'ils sont conçus en Europe, a cru devoir plutôt restreindre les privilèges accordés jadis que de les maintenir dans leur intégrité. Au moment où la capitale de la Turquie s'éleva à Constantinople, d'immenses contrées qui étaient divisées depuis longtemps se trouvèrent réunies sous le sceptre du Sultan et sous l'autorité du Patriarcat. La conquête turque put même paraître, à certains points de vue, assez avantageuse à la Grande Église.

Lorsque quelques années plus tard, les lieutenants de ce même Sultan s'emparèrent des contrées serbes restées encore indépendantes, ce fut le tour de l'Église serbe. Lorsque, en 1459, par la chute de Smédérévo, fut consommée l'indépendance de l'État serbe du moyen âge, le siège du Patriarcat de Petch se trouvait déjà depuis plusieurs années sous la domination turque. C'est également dans le courant de cette même année 1459, après la chute de Smédérévo, cette dernière capitale serbe, que le Patriarcat cessa d'exister, sans qu'on ait jamais su ce qu'est devenu le dernier patriarche. De même que l'Église bulgare fut supprimée par les Turcs, pour être ensuite unie à l'Église de Constantinople, de même la suppression de l'Église de Petch fut l'œuvre des Turcs, qui l'incorporèrent à cette même Église d'Ochrida, dont elle avait été détachée, grâce aux efforts de Saint-Sava.

Mais, en nous rappelant bien qu'au moment de l'invasion turque, il se trouvait dans la Péninsule balcanique quatre Églises indépendantes, à savoir : deux slaves, celles de Tirnova et de Petch, et deux grecques, celles d'Ochrida et de Constantinople, nous sommes frappés par ce fait, que la conquête turque supprima précisément les deux Églises slaves pour les rattacher, l'une à celle de Constantinople et l'autre à celle d'Ochrida.

La suppression du Patriarcat de Petch, accomplie en 1459, après la chute de la Serbie, ne dura qu'un siècle. Au milieu du XVIe siècle, le célèbre grand vizir Mehmed Sokolovitch, d'origine serbe d'Herzégovine, cédant aux vœux de son frère Macarié, qui avait conservé la religion orthodoxe et s'était fait moine, fit rétablir le patriarcat de Petch, dont ce même Macarié devint le premier titulaire. Le patriarcat ainsi rétabli se maintint pendant deux siècles et ce n'est qu'en 1766 et en 1767, comme il a été indiqué plus haut, que furent supprimées successivement, l'une après l'autre, les églises de Petch et d'Ochrida, la première pour la seconde fois (1) et l'autre pour la première fois depuis la domination turque. C'est de cette façon que l'unité de l'Église se rétablit dans la Péninsule balcanique et que l'autorité de l'Église de Constantinople atteignit des étendues qu'elle n'avait jamais eues jusque-là.

En présence de ces faits, n'est-il pas tout naturel de nous poser les questions suivantes : Les anciennes églises indépendantes avaient-elles des raisons justifiant le maintien de leur indépendance, et si des considérations purement politiques ont nécessité leur suppression, a-t-on tenu compte à Constantinople, après que l'union a été faite, des intérêts locaux de ces églises et quelles conséquences cette union, si ardemment désirée par Constantinople a-t-elle produites pour la religion, l'enseignement, la littérature et, en général, pour l'éducation des tribus et des peuples qu'elle a privés de leur centre intellectuel? Il ne faut pas perdre de vue que tous les devoirs qui incombaient aux églises supprimées dans leurs circonscriptions, sont tombés par la suppression de ces églises à la charge du Patriarcat de Constantinople, et il est intéressant de savoir comment le Patriarcat s'en est acquitté.

III

Lorsque nous exposerons plus tard la signification et l'étendue du pouvoir ecclésiastique dans les États constitués selon le type du moyen âge, dont la Turquie a gardé jusqu'à ces derniers temps encore le caractère saillant et dont elle conserve encore quelques traits, nous verrons combien dans l'Empire turc la vie nationale d'un peuple est intimement liée à son Église; nous

---

(1) Le firman de 1766, par lequel le Patriarcat de Petch fut supprimé pour la seconde fois depuis la domination turque, contient deux passages qui ont trait à l'éventuel rétablissement de ce patriarcat et qui se rapporte à son second rétablissement, sous Macarié (1557). Il est prescrit, tout au commencement de ce firman, de faire inscrire sur les registres de l'archevêché la clause suivante : « Dorénavant ce Patriarcat ne sera plus donné à personne, sans égard aux demandes ainsi qu'aux personnes qui les adresseront. Sera rayé le nom même du Patriarcat supprimé de Petch, et si qui que ce soit voulait restaurer le Patriarcat dans le but d'en faire un Patriarcat indépendant — même en voulant le doter de biens et de revenus plus considérables que ceux dont il jouissait — ou dans n'importe quel but, afin de protéger et

verrons également en détail les devoirs que ces églises sont tenues de remplir envers le peuple qui professe leur culte.

Dans l'Empire turc, comme État non chrétien, par la nature même des choses, les autorités ecclésiastiques traitent une foule d'affaires qui, dans les pays modernes européens, sont du ressort des autorités d'État. Comme depuis longtemps en Serbie, la sphère d'activité des autorités ecclésiastiques est limitée aux affaires purement ecclésiastiques, sauf uniquement pour les différents matrimoniaux, nous croyons nécessaire pour nos lecteurs de donner à l'exposé de cette question un développement particulier.

En Turquie, ce ne sont pas seulement les questions purement religieuses qui rentrent dans les attributions de l'Église; l'Église ne règle pas seulement, en ce qui concerne son personnel, les questions de juridiction intérieure ecclésiastique, elle s'érige en vrai tribunal civil et agit en conséquence dans toutes les questions qui ont rapport au rite et dans toutes celles où elle est mêlée à un titre quelconque. Tout ce qui a trait aux litiges matrimoniaux, même sous leur côté civil, tout ce qui a trait à la dot et à la subsistance tombe sous la juridiction des tribunaux ecclésiastiques. Tout ce qui est relatif aux droits testamentaires, même en tant qu'ils se rapportent à l'héritage, relève du tribunal ecclésiastique qui considère les dernières volontés du mourant comme un acte religieux. Lorsque la Sublime Porte a essayé, il y a plus d'une dizaine d'années, d'obtenir le consentement du Patriarcat pour permettre aux sujets ottomans de la religion orthodoxe de pouvoir s'adresser à leur gré, pour des questions qui rentrent strictement dans le domaine du droit privé, aux tribunaux d'État, le Patriarcat protesta avec la plus grande énergie en défendant ses attributions comme un antique privilège fondé sur la différence de religion. La Porte s'est vue forcée de s'incliner devant ce raisonnement; mais, en 1890, elle a remis cette question à

de défendre la raïa, on ne donnera aucune suite à ces demandes, qui ne seront pas transmises aux autorités compétentes ni même inscrites sur les registres officiels. Si par hasard on découvre une demande relative à ce sujet, qui contiendrait même des observations écrites par nous, on devra la retirer sans retard. Et, pour avoir la certitude que les chancelleries tiendront compte de ces ordres, nous leur enjoignons de faire inscrire ces ordres sur leur registre et de les porter à la connaissance des peuples ». — J. S. Yastrebof. *Données pour l'histoire de l'Église serbe*, 1879. p. 4-7. Il est évident que les Phanariotes, inspirateurs de ce firman, ont fait insérer ces passages en vue d'empêcher tout rétablissement éventuel d'un patriarcat quelconque.

l'ordre du jour en s'efforçant de lui donner une solution conforme
à ses vues.

D'après le même point de vue, les questions concernant l'instruction, auxquelles notre siècle porte le plus vif intérêt, sont
également du domaine de l'Église. En général, l'instruction en
Turquie a été surtout dans l'ancien temps, si intimement liée à la
religion et à l'administration de l'Église, que la nation qui n'a pas
son Église indépendante, ne peut avoir ni écoles ni instruction,
ou bien elle est condamnée à attendre, comme une aumône, que
ceux qui disposent d'une Église indépendante lui viennent en
aide dans ces questions vitales. L'enseignement faisant partie
intégrante de l'administration ecclésiastique, l'administration de
chaque Église en Turquie comprend une section spéciale pour
l'enseignement.

En vertu des anciens privilèges qui ont été, malgré le dernier
conflit, de nouveau sanctionnés par la Sublime Porte (le 22 jan-
vier 1891), le Patriarcat de Constantinople, ainsi que les métropolitains, ses suffragants, rédigent ou approuvent dans leurs cir.
conscriptions respectives les programmes scolaires, légalisent les
diplômes et les certificats des instituteurs et institutrices, en un
mot, ils dirigent l'enseignement tout entier, ce qui veut dire en d'autres termes que toutes les écoles appartiennent aux Églises. Les
autorités turques ont le droit de contrôle et doivent être rensei-
gnées sur le travail des organes enseignants du Patriarcat. Si les
organes du gouvernement, chargés de contrôler l'enseignement,
s'aperçoivent que la méthode d'enseignement dans une école est
contraire au programme établi ou bien que les instituteurs ou
institutrices n'ont pas de diplômes ou de certificats, ils doivent
en référer dans les provinces aux métropoles respectives directement et à Constantinople au Patriarcat par l'intermédiaire du
ministère de l'instruction publique, qui avisera aux moyens d'obtenir la cessation des abus ou d'arriver à un accord avec les pou-
voirs ecclésiastiques. C'est par la même voie que seront notifiés
la suppression d'une école et le remplacement des instituteurs et
institutrices dépourvus de diplômes.

C'est de cette façon que les Grecs ont fondé durant les derniers
siècles, qu'ils ont maintenu et maintiennent encore aujourd'hui,
l'enseignement primaire et secondaire, sans parler même d'une
université. Ces écoles se fondent en vertu des droits et privilèges
qui furent concédés à la religion presque dès le commencement
de la domination turque et qui ont toujours été respectés depuis.

C'est pourquoi les municipalités des villes et des villages appartiennent toujours à l'Église et à l'enseignement. L'initiative pour la fondation d'une nouvelle école peut émaner soit de ces municipalités chrétiennes appartenant à l'Église, soit des autorités ecclésiastiques (métropolitains, évêques et protopopes). On peut dire que cela a été jusqu'à l'époque la plus récente, la seule source à laquelle les chrétiens de l'Empire Ottoman ont dû leurs écoles et leur instruction. La loi turque sur l'enseignement (l'instruction), qui contient des clauses concernant les écoles privées, n'a été promulguée qu'en 1872, et comme elle n'a été rédigée qu'en langue turque, elle est encore peu connue dans l'Empire (1).

Armés de ces droits, depuis longtemps reconnus et confirmés, on pouvait faire beaucoup pour la cause de l'orthodoxie : car l'orthodoxie comme tout le reste ne peut progresser que par la

---

(1) Cette loi turque de 1872 sur l'enseignement public divise toutes les écoles de l'Empire en deux catégories : l'une comprend les écoles d'État, l'autre les écoles privées. Les écoles d'État relèvent du ministère de l'Instruction publique ; quant aux écoles privées, elles se trouvent *sous la direction des personnes ou des sociétés qui les ont fondées*. L'article 129 de cette loi détermine en détail ce qu'il faut entendre par les écoles privées. « Les écoles privées, est-il dit dans cet article, sont celles qui sont fondées dans certaines localités par différentes sociétés ou par des sujets ottomans ou même par des étrangers et dans lesquelles l'enseignement peut être gratuit ou bien à titre onéreux. Ces écoles se fondent par des legs laissés dans ce but.

« Pour ouvrir une école, il faut remplir les formalités et conditions suivantes :

« 1° Les instituteurs doivent être munis de certificats délivrés par le ministère de l'Instruction publique ou par le *monarifat* (l'administration de l'Instruction publique) de la localité dans laquelle se trouve l'école.

« 2° Pour empêcher tout enseignement contraire à la moralité ou à la politique de l'État, les fondateurs de ces écoles sont tenus de soumettre le programme de l'enseignement et les livres scolaires à l'approbation du ministère de l'Intruction publique, si l'école se trouve à Constantinople, et à l'approbation de l'autorité compétente respective, si l'école se trouve dans l'intérieur du pays. Les autorités compétentes légaliseront le programme et les livres scolaires et donneront l'autorisation nécessaire.

« Au cas où les clauses prescrites par cette loi ne seraient pas rigoureusement remplies, l'approbation nécessaire pour l'ouverture de l'école sera non seulement refusée, mais les autorités procéderont sans retard à sa fermeture.

« Les instituteurs sont tenus de faire légaliser leurs diplômes par les autorités compétentes, en les faisant présenter par les fondateurs des écoles. »

Nous avons eu l'occasion de voir une légalisation faite par les autorités

science, et déchoit par l'ignorance et l'insouciance de tout progrès. C'est dans l'exercice juste de ces droits envers les différentes nationalités qui se trouvaient sous la dépendance de l'Église œcuménique qu'on peut voir avec quel dévouement elle a répondu à ses devoirs œcuméniques, et quelle faute elle a commise en se mettant au service exclusif de ses coreligionnaires grecs au lieu de se vouer aux intérêts communs de tous les orthodoxes sans exception.

Les mémoires, écrits par un témoin digne de foi, nous montrent l'état exact dans lequel se trouvaient parmi les orthodoxes de différentes nationalités de la Péninsule balcanique toutes ces questions ayant trait aux écoles et à l'enseignement, au milieu du XVIIIe siècle, au moment même où les Églises de Petch et d'Ochrida étaient supprimées, à une époque, par conséquent, où le Patriarcat de Constantinople, satisfait dans toutes ses

ottomanes, conformément à l'article 129 de la loi sur l'instruction publique. Cette légalisation contenait entre autres les clauses suivantes :

« 1° Les livres autorisés, seuls, seront employés pour l'enseignement ;

« 2° Si le besoin se fait sentir de changer un ou plusieurs livres, les nouveaux livres qu'on voudrait employer doivent être au préalable soumis à l'approbation des autorités compétentes ;

« 3° Une école ne pourra être transférée d'un lieu dans un autre qu'en vertu d'une autorisation spéciale délivrée par les autorités compétentes ;

« 4° Le monarif (inspecteur des écoles) ou, à son défaut, tout autre fonctionnaire, doit assister aux examens et à la distribution des prix ;

« 5° Il sera remis aux autorités compétentes, à la fin de chaque année scolaire, une liste des élèves qui ont fini leurs études et qui ont obtenu un diplôme ;

« 6° Au cours de chaque année scolaire, devra également être remise aux autorités compétentes la liste des élèves fréquentant l'école ;

« 7° Les inspecteurs des écoles devront être reçus, à leur visite dans une école, avec tous les honneurs dus à leur rang ;

« 8° Les directeurs, fondateurs et les instituteurs doivent remplir strictement les clauses prescrites par l'article 129 de la loi sur l'instruction publique. »

Ces ordres sont donnés par le gouvernement turc, mais ils sont peu connus et les intrigues des prosélytes grecs et bulgares entravent fortement leur exécution. On doit pourtant reconnaître, à la louange des autorités turques, qu'elles ont très souvent rempli leurs devoirs en exécutant les clauses prescrites par cette loi, sans se préoccuper autrement des intrigues dont nous venons de parler. Mais, en dehors de ces intrigues, cette loi étant encore toute récente, beaucoup de gens, parmi lesquels se trouvent pas mal de fonctionnaires turcs, sont plutôt habitués aux anciennes lois de l'enseignement ecclésiastique, qui se pratiquent déjà depuis des siècles, de sorte que les prescriptions de la nouvelle loi sont assez souvent éludées.

prétentions, avait devant lui le champ libre pour remplir ses devoirs.

Le témoin auquel nous avons l'intention de nous en référer n'est autre que Basile (Jovanovitch Brkitch) qui fut le dernier Serbe qui occupa le trône patriarcal de Petch (1763-1765). Exilé de Petch, pour céder sa place au Grec Kalinik, avec qui devait être supprimée l'indépendance de l'Église de Petch, le patriarche Basile fut conduit à Chypre, d'où deux ans après il s'enfuit au Monténégro. La suppression du Patriarcat de Petch était alors déjà un fait accompli. Il passa au Monténégro les années de 1767-1768 jusqu'à l'automne de 1769, après quoi il se rendit en Italie avec l'expédition du prince Dolgorouki, qui avait fait au Monténégro un séjour de quelques semaines. En Italie, il trouva la flotte russe qui y faisait des préparatifs en vue d'une campagne projetée contre la Turquie par le Sud et l'Ouest. Questionné par les chefs russes sur la situation des États et des peuples de la Péninsule balcanique, le patriarche Basile rédigea des mémoires à ce sujet (Livourne, 1771). Ces mémoires prouvent que leur auteur avait une connaissance suffisante du sujet qu'il traitait, et ce travail fait honneur au dernier patriarche de Petch. En exposant tour à tour, ce qui valait d'être signalé dans chaque province de la Péninsule balcanique, le patriarche Basile loue la commune grecque de Yanina, en Thessalie, pour les excellentes écoles qu'elle a su élever et parmi lesquelles se trouve même un séminaire. A cette occasion, le patriarche Basile nous fait savoir que, parmi les chrétiens de cette commune, il y avait un grand nombre de gens instruits et de riches négociants. En parlant des Grecs, il dit qu'il les connaît bien, qu'il a voyagé en Asie Mineure, qu'il a traversé trois fois les îles de l'Archipel et qu'il a passé deux ans à Chypre. Il affirme qu'ils sont orgueilleux, qu'ils ont une haute opinion d'eux-mêmes, qu'ils montrent beaucoup de souplesse et de dextérité sous tous les rapports, mais qu'ils sont trop envieux des autres nations. Dans les contrées fertiles et riches, accessibles à tout genre de commerce, les Grecs comptent, nous dit le patriarche Basile, beaucoup de négociants riches et possèdent un nombre suffisant d'écoles et de gens instruits. Ne pouvant pas leur nuire d'une autre façon, les Turcs leur ont imposé trois fois plus d'impôts qu'aux autres nations, sans pouvoir toutefois plier leur orgueil. Ils sont remuants, obstinés, avides du pouvoir et de la grandeur. Leur langage est insinuant et mielleux, mais ils ne disent pas toujours la vérité. Le peuple est organisé de façon que tout se trouve entre les mains des évêques et des popes; pour lui, toutes les lois consistent dans les ordres qu'il reçoit de ces prélats et auxquels seuls il obéit; en dehors de ses prélats, il ne croit à personne. Comme depuis la conquête turque, leurs contrées ne s'étaient jamais soulevées ouvertement contre l'Empire, ils ont réussi à régler leurs relations avec les Turcs, qui les considèrent comme leurs sujets les plus fidèles. Ils tiennent beaucoup à leurs prêtres, font beaucoup pour eux, en entretiennent un grand nombre, à tel point, que certains particuliers en hébergent dans leurs maisons.

Les Grecs ont partout des écoles et ils peuvent s'instruire où ils veulent et quand ils veulent. « En ce qui concerne nos contrées, la Bulgarie et la Macédoine, continue le patriarche Basile, les Turcs interdisent partout l'enseignement. Les Bulgares, voisins des Grecs, pour donner une instruction à leurs enfants, doivent les envoyer dans les écoles grecques où ils apprennent la langue grecque; quant à nous autres, ceux qui ont des moyens, envoient leurs enfants en Autriche : car, nous autres Serbes ainsi que les Bulgares, nous n'avons presque pas d'écoles; nous avons très peu d'églises, encore moins de monastères, et il y a un manque absolu de prêtres et de moines. Ce n'est pas seulement des terres de nos églises et de nos monastères, mais aussi de celles des monastères et des Églises de Jérusalem, de Sinaï et du Mont Athos que les Turcs se sont emparés en leur laissant à peine de quoi suffire aux moines qui s'y trouvent : *car, nous autres Serbes et Bulgares, nous n'avons point obtenu des Turcs un traitement aussi favorable que les Grecs.* » Un passage que nous extrayons de ces Mémoires caractérise suffisamment les Grecs. Il est dit dans ce passage que les Grecs avaient contracté l'habitude de chercher parmi les seigneurs turcs des protecteurs auxquels ils payaient une redevance annuelle pour obtenir la tranquillité, tandis que, dans nos contrées, dit le patriarche Basile, on n'agit point de même, mais on recourt aux armes ou à la fuite lorsque le joug devient trop lourd (1).

Tout ce qui vient d'être dit montre on ne peut mieux la situation, ainsi que les moyens employés par ceux qui ont supprimé es Églises indépendantes d'Ochrida et de Petch. Les moyens

<hr>

(1) L'édition de l'archimandrite J. Rouvaratz, dans le *spoménik* (matériaux) de l'Académie de Belgrade, vol. X, p. 43-69. Les notes contemporaines de Dossiteï, fondateur de la nouvelle littérature serbe, confirment, avec plus de coloris, le tableau dressé par le patriarche Basile.

dont ils disposaient nous permettent de conclure quels auraient dû être leurs devoirs.

Dans de telles circonstances, la politique turque a pu trouver avantage dans la suppression des Églises indépendantes de Petch et d'Ochrida; toutes les deux étaient, depuis la fin du XVIIᵉ siècle, déjà exposées aux intrigues de l'Autriche qui était alors de ce côté l'ennemi principal de la Turquie. En face de ces intrigues, la politique turque avait, en effet, plus d'avantage à s'appuyer sur les Grecs que sur les Serbes.

Mais, autant que nous sommes bien informés sous ce rapport, il nous semble qu'on peut envisager à deux points de vue les motifs qui ont inspiré l'action de l'Église de Constantinople.

Le premier motif aurait un caractère purement matériel et serait conçu dans l'esprit étroit des intérêts nationaux grecs et même de leurs intérêts privés; ce qui veut dire que le Patriarcat, profitant de toutes les circonstances favorables, mettait tout en jeu pour réaliser l'unité, ce vœu depuis si longtemps caressé, espérant par là augmenter ses revenus, améliorer l'état de ses serviteurs, procurer plus d'aisance et ouvrir un champ plus vaste à ses disciples, propager la langue et l'enseignement grecs et arriver par là à développer le commerce grec en lui ouvrant des contrées qui lui étaient jusqu'alors restées fermées.

L'autre motif serait plus élevé, plus noble, plein de dévouement à la cause de l'orthodoxie, de la religion et des devoirs imposés par le Christ et ses apôtres.

Si le Patriarcat avait voulu envisager les choses à ce second point de vue, il aurait pu, en sa qualité d'Église œcuménique, en voyant que les représentants des Églises orthodoxes de Petch et d'Orchida s'étaient compromis à plusieurs reprises auprès des autorités turques; en voyant combien la méfiance, que les autorités turques avaient pour ces deux Églises, était nuisible aux intérêts de la foi et combien elle anéantissait l'instruction, ruinait les Églises et poussait les fidèles à apostasier; en voyant que les représentants des Églises d'Ochrida et de Petch n'étaient pas en état de se défendre ni de défendre leurs circonscriptions, en voyant que cet état de choses avait rabaissé l'instruction ecclésiastique dans les circonscriptions de ces deux Églises à un tel degré que le maintien de la foi ne pouvait plus compter que sur la grâce de Dieu; en voyant que l'orthodoxie même commençait à s'ébranler et à reculer devant la propagande incessante de l'Église latine, qui observait attentivement les événements et attendait le moment propice pour agir (1); en voyant que les imprimeries et les écoles étaient supprimées, que les livres manquaient partout, que les sciences étaient mortes et qu'il n'y avait aucun établissement pour l'enseignement de la théologie ; en voyant qu'en conséquence, les intérêts du droit civil souffraient et que l'état économique ainsi que le commerce dépérissaient et que tous les salaires étaient tombés au-dessous du niveau qu'on pouvait encore atteindre dans la Turquie d'alors, nous disons donc qu'en voyant tout cela, le Patriarcat, d'après ses devoirs d'Église œcuménique, aurait dû faire des démarches vers l'unité, en souhaitant d'établir, sinon complètement, du moins dans les bornes du possible, parmi les Serbes et les Bulgares, ce qu'il avait alors créé pour les Grecs et leur nationalité. Les nouveaux évêques auraient été invités à faire plus ou moins pour les populations slaves, ce que leurs collègues et contemporains avaient fait pour leurs compatriotes. On n'aurait pas manqué de voir que, pour maintenir le peuple dans la foi, il faut lui donner des évêques de sa nationalité qui connaissent sa langue, son cœur et ses sentiments les plus intimes. Si, au moins, on avait construit des écoles slaves dans les villes; si, chaque année, l'on avait envoyé quelques jeunes gens slaves dans les séminaires grecs; si l'on avait permis de faire imprimer en langue slave à Constantinople, ou dans n'importe quelle autre ville qui possédait une imprimerie, les livres scolaires et religieux les plus indispensables; si on avait fait voir la moindre bonne volonté pour fonder pour les Serbes une école supérieure de théologie, il eût été difficile alors de formuler des plaintes justifiées. Ce sont là tous les devoirs que le Patriarcat avait pris à sa charge en s'incorporant les Églises jusqu'alors indépendantes.

Nous allons maintenant examiner quelle ligne de conduite a été suivie et quelles en ont été les conséquences; nous y verrons le fruit de l'unité des Églises à partir de 1766-1767, après avoir montré clairement ce qu'en vérité cette unité aurait pu accomplir si on avait montré un peu de bonne volonté et de savoir faire.

---

(1) Goloubinsky cite, dans son histoire, p. 114, que, dans le courant du XVIIe siècle, cinq évêques d'Ochrida s'étaient rendus à Rome pour négocier avec le pape.

IV

Comme nous l'avons exposé plus haut, les Grecs désiraient obtenir l'unité de l'Église dans l'empire ottoman, et leur vœu a été exaucé.

Nous venons de dire que cette unité pouvait être souhaitée pour deux motifs bien différents : l'un purement matériel, en vue du royaume terrestre, l'autre en vue du Royaume céleste.

L'occasion était belle pour les cercles dirigeants du Phanar; ils pouvaient vraiment rendre de grands services à la religion et à l'instruction et se créer ainsi de vrais mérites d'apôtres.

Par ce qui vient d'être dit, on voit que la nation grecque se trouvait en effet dans une situation exceptionnellement favorable pour lui faciliter cette tâche. Si la direction du Patriarcat avait voulu, il lui aurait été bien facile de trouver des hommes dévoués, prêts à répandre les bienfaits de la religion et de l'instruction dans les milieux demi-sauvages de leurs malheureux coreligionnaires slaves, comme ils l'avaient déjà fait pour leurs compatriotes; et le Patriarcat aurait certainement trouvé des hommes prêts à recommencer l'œuvre de ces deux envoyés de Constantinople qui s'appelaient Cyrille et Méthode.

Voyons maintenant ce qui a été réellement fait et comment Constantinople a répondu aux appels réitérés qui lui ont été adressés aux différentes époques.

La situation de l'Église de Petch se trouvait déjà ébranlée dès la fin du XVIIe siècle par suite du départ d'Arsène Zrnojévitch pour l'Autriche. Mais c'est le départ du patriarche Arsène IV, en 1837, qui la fit pencher vers son déclin définitif. Après le premier, comme après le second départ et les émigrations qui s'en suivirent, le siège du Patriarcat de Petch fut occupé par des évêques grecs : car dans ces temps troubles on n'avait foi que dans ces prélats.

Et pourtant, lorsque Janitchié III, qui avait succédé à Arsène IV et qui siégea de 1738 jusqu'en 1744, partit pour Constantinople, on affirme qu'il avait rassemblé et emporté avec lui tous les objets précieux qui appartenaient à l'Église patriarcale de Petch. Les tuteurs de l'Église, s'étant aperçus à temps de cet enlèvement, coururent après lui, le rejoignirent à Reskub et reprirent tout ce que ce prélat avait emporté avec lui (1), ce qui pourtant ne l'empêcha pas de devenir ensuite, en 1760, patriarche de Constantinople.

Un de ses successeurs, Gabriel IV, d'origine grecque, qui fut également, dans ces temps troublés, élevé à la dignité de chef de l'Église de Petch, finit sa carrière spirituelle et ecclésiastique en se convertissant à l'islamisme. Ce fait le caractérise suffisamment.

La biographie du métropolitain Léontius, qui résida en Serbie depuis 1804 jusqu'en la funeste année 1813, époque où il se réfugia en Russie avec les autres voïvodes serbes, nous donne un tableau complet de l'état moral des milieux sociaux d'où sortaient les évêques. Cet homme entra comme simple domestique au service de son prédécesseur le métropolitain Méthode. Il plut à Méthode qui s'intéressa à son instruction, lui procura même un Français, qui lui enseigna sa langue et en fit plus tard un moine, sans cesser jamais de le combler de sa bienveillance. Voici de quelle manière Léontius s'acquitta envers son bienfaiteur. Avant le soulèvement de Kara-Georges, lorsque régnait en Serbie l'anarchie des Dahis (Daïas), Léontius comprit qu'il pourrait, à l'aide de ces mêmes Dahis, remplacer son bienfaiteur sur le siège métropolitain. Il fit alors entourer Méthode par ces gens-là qui ne tardèrent pas à l'étrangler. Après ce meurtre, Léontius remplaça en effet son bienfaiteur et fut nommé métropolitain de Belgarde; il confessa plus tard son crime sur son lit de mort.

Cette façon étrange de s'élever à la plus haute dignité dans la hiérarchie ecclésiastique n'est pas unique.

Nos annales, pourtant si incomplètes, contiennent un exemple, pire que le précédent, de la manière dont fut obtenu, au commencement de ce siècle, le siège métropolitain de Belgrade. Cet exemple est raconté par un homme digne de foi, qui a toujours eu le plus grand souci de la vérité.

« En 1807 — écrit Vouk St. Karadjitch — on vit arriver à Orchowa un prêtre grec, qui se plaignit aux négociants de cette ville de ne pas avoir les moyens de continuer sa route. Les négociants firent une quête entre eux et en remirent le produit au prêtre grec, mais celui-ci, au lieu de se rendre à l'endroit qu'il avait indiqué, s'en alla à Adakalé, chez un certain Redjep, dont il

<hr>

(1) Archimandrite Doutchitch, *Histoire de l'Église orthodoxe serbe*, 1894, p. 189-190.

devint d'abord simple « pandour » (1) ; plus tard, on lui donna le commandement d'une troupe de pandours avec lesquels il se rendit en Valachie où il guerroya et plus tard fut préposé aux magasins de sel, que Redjep faisait expédier par bateaux en Bosnie pour le vendre dans ce pays. Lorsque Redjep se rendit, en 1813, à Constantinople, il demanda à ce prêtre ce qu'il désirait qu'il fît pour le récompenser des services qu'il en avait reçus. Le prêtre répondit qu'il souhaitait devenir évêque de Belgrade ; sur quoi Redjep lui fit donner des recommandations pour Sofia où on le consacra évêque ; mais, comme à ce moment même, le grand vizir (Rouchitch Pacha) venait de nommer à Belgrade un prêtre de Nische qui lui avait servi d'interprète pendant la guerre serbe, c'est ce dernier qui fut élevé à la dignité de métropolitain serbe. Ce métropolitain dépouilla le clergé de sa circonscription, plus que ne l'aurait fait un Turc. Lorsqu'en 1815 la Serbie se souleva de nouveau contre les Turcs, il abandonna ses ouailles et s'enfuit en Bosnie et de là, en passant par Srem et le Banat — comme le fit le métropolitain ***, portant en sautoir la croix en brillants attaché à un ruban vert, — il se rendit à Constantinople. Ce fait n'est cité que pour faire mieux comprendre et pour justifier l'état actuel de notre clergé. »

Ces deux ou trois exemples nous montrent à merveille la voie que suivit la nouvelle administration patriarcale de Petch. Les impressions que cette nouvelle direction a produites et le souvenir qu'elle a laissé dans l'opinion publique, sont également racontés par la plume véridique de Vouk St. Karadjitch, qui écrivait en 1810 et 1820 ce qui suit :

« Lorsque le Patriarcat serbe existait et que c'était lui qui nommait les métropolitains et les évêques serbes, ces derniers, appartenant d'une part à la même nationalité que leurs diocésains et d'un autre côté sachant qu'ils resteraient jusqu'à leur mort sur le même siège, étaient en état de relever plus ou moins l'instruction des prêtres et des moines serbes (ce que témoignent du reste différents livres écrits sous le gouvernement turc) ; mais, plus tard, les évêques et métropolitains grecs négligèrent tellement l'instruction du clergé, qu'il était difficile de trouver un prêtre *sachant bien lire*. Les évêques grecs ne demandent jamais à ceux qui veulent devenir prêtres s'ils savent quelque chose, mais regardent s'ils sont en état de payer. Mais, pouvait-on

(1) Gendarme.

attendre mieux de la part de ces prélats, qui d'abord parlaient une langue étrangère et appartenaient à une nation différente et même à une nation qui n'a jamais vécu en vraie amitié avec la nation serbe, qui, en outre, achetaient eux-mêmes leurs diocèses pour la durée d'un an, et devaient par conséquent se préoccuper avant tout de ramasser assez d'argent pour rentrer dans leur capital et y ajouter quelques bénéfices leur permettant de continuer à acheter, et à pratiquer la méthode des pots-de-vin, ou bien, s'ils venaient à être distancés dans les enchères et supplantés par d'autres, de vivre tranquillement en attendant l'occasion d'acquérir un autre siège; et enfin, qu'espérer d'évêques qui pour la plupart étaient des hommes fort communs, des vauriens ou des moines, qui avaient détourné l'argent provenant des quêtes qu'ils avaient faites pour le compte de leur monastère ? »

Pour ne pas nous contenter de témoignages dus exclusivement à une plume serbe, quoique celle de Vouk Karadjitch mérite une confiance absolue, nous mentionnerons ici une notice écrite en 1834 par le diplomate français Bois-le-Conte, qui contient ce qui suit : ... « Sous la domination turque, les évêques nommés par le Patriarcat étaient en général des Grecs, qui n'avaient aucun attachement pour le pays où ils exerçaient leur ministère. Attendant tout de Constantinople, ils exploitaient, conjointement avec les pachas et les cadis, la contrée qui restait pour eux un pays étranger, et vivaient dans une parfaite intelligence avec les autres fonctionnaires de la Sublime Porte. »

C'est de cette manière-là qu'on s'est mis à exercer une mission qui devait être considérée comme apostolique; Ayant à choisir entre l'empire terrestre et l'empire du Ciel, voilà la voie que suivaient les Grecs du Phanar et du Patriarcat.

Non seulement leur choix n'a pas été à leur honneur, mais il leur a causé dans la suite bien des ennuis et bien des embarras.

C'est ainsi que la nation la plus civilisée et la plus riche de la Péninsule balcanique a été abandonnée à la merci de ces turbulents seigneurs féodaux turcs, contre lesquels le Sultan lui-même s'est vu forcé, au commencement de ce siècle, de faire marcher les principales forces de son empire. Les nouvelles aspirations des nations chrétiennes vers la liberté et les droits autonomes se sont heurtées à la mauvaise volonté des organes de la Grande Église qui, pour la plupart, soutenaient l'effrénée et tyranique autorité turque, telle qu'elle s'exerçait au début de ce siècle. Les impressions de cette conduite engendrèrent parmi les chrétiens qui habitaient le nord de la Péninsule, l'opinion que toute action commune, pour l'indépendance nationale, des nations chrétiennes de races slave et grecque devint impossible, bien que cette action fût recommandée par toutes les théories. Et quoique la nation grecque ait compté d'excellents fils, dont l'âme généreuse comprenait l'aspiration contemporaine pour la résurrection des droits nationaux, la conduite des évêques grecs et de leur Cour eut pour effet de former l'opinion générale parmi les Serbes et les Bulgares, que les Grecs ne différaient en rien des Turcs, et que la Sublime Porte et la Grande Église, sous deux prétextes différents, se faisaient également les défenseurs de la mauvaise administration et poursuivaient avec la même ardeur l'exploitation des peuples dans les provinces de la Turquie d'Europe.

Quoique le métropolitain de Belgarde, Léontius, ait agi correctement dans l'exercice de ses fonctions; quoique il ait soutenu, avec son peuple, toutes les guerres sous Kara-Georges, qu'il ait émigré en 1813 avec les voyvodes de ce même Kara-Georges et que même il soit mort émigré à Kischinoff, néanmoins tous les Serbes de cette époque affirmaient qu'il était à la dévotion de la Turquie et qu'il n'approuvait pas la guerre pour l'Indépendance. La méfiance qu'on nourrissait contre les Grecs et que les évêques et leurs gens avaient particulièrement contribué dans les derniers temps à enraciner, perce dans toutes les affaires, depuis qu'on a commencé à travailler à l'indépendance, et cette méfiance a nui considérablement à la cause dont on poursuivait le triomphe.

Nous avons plus haut cité une note de Vonk Karadjitch, dans laquelle il était question de la mésintelligence qui régnait entre les Serbes et les Grecs. Vonk Karadjitch parle de cette mésintelligence dans ses autres œuvres. Dans son livre sur *Le Sénat*, le même auteur raconte dans quels sentiments les Serbes accueillirent le premier représentant russe Rodofinikine, qui était d'origine grecque. L'impression produite sur l'opinion fut très défavorable dès qu'on eut appris qu'il était Grec. Kara-Georges écrivit à ses envoyés de ne pas amener Rodofinikine avec eux, « car vous savez », leur faisait-il dire, « que nous ne parvenons même pas à venir à bout des Grecs que nous avons parmi nous. »

Le prince Miloche partageait la même opinion. Il ne manqua pas de joindre un archimandrite à la première députation qu'il envoya, en 1815, à Constantinople, et avec sa sage prévoyance il demanda au Patriarcat, dès cette époque, de le sacrer évêque. Le Patriarcat fit droit à sa demande. Et comme le prince Miloche possédait un talent éminemment politique, l'opinion qu'on avait des Grecs s'est dessinée chez lui mieux que chez n'importe lequel des hommes politiques serbes dans le premier quart de ce siècle. Pour faire voir tout le tort que la politique ecclésistique du Phanar fit à la cause de la délivrance chrétienne, nous invoquerons les notes écrites, en 1834, par le diplomate français Bois-le-Conte, dans lesquelles cet observateur d'une finesse remarquable nous fait connaître les dispositions du prince Miloche et de ses contemporains à l'égard des Grecs.

M. Bois-le-Conte raconte qu'au commencement de l'insurrection grecque de 1821, Ypsilanti fit dire au prince Miloche « que tout était prêt pour amener en trois mois la chute de l'Empire Turc, qu'il n'avait qu'à prendre les armes pour devenir Roi de Serbie. Cette proposition a été taxée, à Kragouïevatz, de rêverie. *Le soulèvement slave, ou plutôt serbe, resta tout à fait indépendant de la révolution grecque, dont il différait et par l'esprit et par la forme.* La différence des caractères et les anciens préjugés avaient créé une profonde antipathie entre les Serbes et les Grecs qui ne pouvaient pas se souffrir et qui se désintéressaient complètement les uns des autres; *dans ces conditions-là, il était bien difficile d'établir une bonne entente entre les deux peuples.*

Ces dispositions d'esprit furent cause que la Serbie suivit d'un œil jaloux l'œuvre de l'indépendance grecque, quoique à l'origine les mêmes nécessités avaient forcé les Serbes à se soulever pour reconquérir leur indépendance. Le prince Miloche, dans ses entretiens avec M. Bois-le-Conte, disait à ce diplomate combien il regrettait de voir l'Europe, « *qui avait pourtant tant fait pour les Grecs, qu'il plaçait très bas dans son estime, faire si peu de cas de lui et l'encourager si peu.* »

L'opinion qu'on avait alors en Serbie sur la Grande Église de Constantinople se manifeste clairement dans les paroles du prince Miloche, qui disait que, sans les petites Églises locales, le christianisme aurait certainement disparu en Serbie, car la Grande Église ne l'aurait pas conservé. L'anecdote suivante nous fera voir comment les Grecs étaient disposés envers leurs coreligionnaires serbes et bulgares. Lorsque le prince Miloche ordonna de fêter la mémoire de saint Sava, les négociants grecs de Belgrade furent seuls à feindre d'ignorer cet ordre jusqu'au jour où le prince Miloche, à sa manière, leur fit passer cette fantaisie.

Vu cet état de choses, il est tout naturel que la Serbie ait cherché à s'émanciper de la Grande Église et de ses administrateurs. En vertu du premier firman concernant les privilèges qui lui étaient accordés, la Serbie obtenait déjà le droit d'élire ses évêques. Sachant très bien que tout se réduisait presque exclusivement à une question d'argent, et, qu'avec de l'argent, on parviendrait à résoudre toutes les questions pendantes, le prince Miloche, en s'adressant au Phanar, joua cartes sur table; il marchanda, et, le prix conclu, racheta la Serbie, quoique, d'après le firman, cela parût à peu près superflu.

Mais en cette occasion, une chose pourtant, échappa à l'esprit perspicace et politique sans rival du prince Miloche : il ne vit pas qu'il valait mieux ne pas résoudre certaines questions de principe que de les résoudre partiellement à l'avantage d'une partie seulement de la nation et au détriment de toutes les autres parties. La création de l'Église autonome a été en effet à l'avantage de la Serbie; mais elle a beaucoup nui à la nation serbe. A la place de l'ancien Patriarcat de Petch, on obtenait l'Église autonome pour la Principauté de Serbie, mais les autres fractions de la nation serbe en Turquie restaient sans l'appui d'une Église nationale. L'impatience qu'on avait de régler le plus tôt possible les affaires de la Principauté a considérablement nui aux intérêts vitaux de la nation serbe en général.

On voit aujourd'hui que, pour l'émancipation de l'Église serbe, il aurait mieux valu agir à Constantinople qu'à Belgrade.

Mais les esprits les plus perspicaces ne sont pas toujours en état de prévoir, dans une telle mesure, ce que l'avenir nous réserve. Ce qui a échappé à l'esprit des hommes d'État serbes qui ont été à la tête des affaires après le prince Miloche, n'est pas resté inaperçu pour les hommes bulgares, qui se sont mis à l'œuvre afin d'obtenir l'exarchat, et ils ont été en tout si bien conseillés que la séparation même de la Bulgarie d'avec l'Empire Ottoman n'a pas entraîné avec elle le démembrement de l'Église bulgare telle qu'elle avait été antérieurement constituée et n'a pas non plus restreint le domaine de son autorité. Autant il répugne à la politique de Sofia à se soumettre aux désirs de Constantinople, autant les évêques de la Bulgarie tout entière mettent de bonne volonté à obéir à l'administration ecclésiastique de Constantinople, sans redouter jamais qu'il s'y fasse quelque chose de contraire aux intérêts bulgares.

V

Dans la nouvelle gestion du Patriarcat, qui a commencé après 1766, il faut savoir distinguer deux périodes, tant pour les évêchés grecs de la Grande Église que pour les évêchés des autres nationalités.

Dans la première période, qui peut être prolongée jusqu'après 1830, tout marche comme dans le passé. Dans la seconde, nouvelle période, se manifestent certaines tendances pour introduire des améliorations qui, malheureusement, ont eu le défaut de ne pas s'étendre également à tout le monde. Cette inégalité de traitement envers les différentes nations est la cause d'un mécontentement qui se propage de plus en plus parmi les ouailles de la Grande Église.

Les signes principaux qui marquent la nouvelle période proviennent des progrès des temps modernes. Avec cette époque des progrès, ou, plutôt, avec cette époque humanitaire, nous voyons se manifester des vœux pour introduire dans l'ancien édifice le plus possible de lumière et des mœurs plus humaines. Ces aspirations n'auraient pas pu apparaître si les mouvements politiques en Turquie et en Europe ne leur avaient préparé un terrain propice. Les améliorations et les aspirations au progrès se sont particulièrement manifestées dans l'adoucissement du sort des chrétiens, adoucissement dû aux réformes administratives et surtout à la suppression, en 1826, du système féodal par le sultan Mehmed II. Par ces réformes, la centralisation des affaires s'est accentuée de jour en jour, et on est arrivé peu à peu à supprimer les droits autonomes des provinces, qui remontaient aux temps anciens. Constantinople prit toutes les affaires entre ses mains, tandis que le télégraphe et l'armée régulière, avec les nouvelles armes perfectionnées, complétèrent cette remarquable réforme. Avec le « Tansimat » (c'est-à-dire la constitution turque) de 1839, le principe d'égalité a été posé, et, avec le Hatihoumaïouma de 1856, promulgué après la guerre de Crimée, cette égalité a été plus hautement proclamée et garantie.

De toutes les nations chrétiennes en Turquie, ce sont les Grecs qui ont le plus profité de ces droits. La centralisation du pouvoir public a eu une influence heureuse sur les affaires de l'Église.

Toutes les affaires concernant l'Église ont été également arrachées aux influences des provinces pour être concentrées et traitées dorénavant à Constantinople.

Mais c'est avec la proclamation du royaume de Grèce qu'un changement radical s'est opéré dans les affaires grecques. Le nouveau centre indépendant de la liberté et de l'instruction pour la nationalité grecque ne tarda pas à communiquer son élan à l'activité du Patriarcat, et, si ce dernier n'a pas montré un esprit plus libéral envers les différentes nationalités, il a pourtant donné à l'instruction un certain développement.

Nous exposerons tout d'abord en quoi s'est distinguée l'ancienne période, et nous indiquerons ensuite les traits caractéristiques de la nouvelle.

Avec de l'argent, on pouvait, dans l'ancienne période, tant bien que mal, triompher des entraves mises au libre développement des nationalités. En décrivant comment on obtenait à prix d'argent, ou, plutôt, comment on achetait les postes d'évêques, Vouk Karadjitch dit : « De cette façon, celui qui donne le plus, fût-il même Serbe, peut devenir évêque, et, surtout, s'il sait le grec ; mais il lui faudra toujours débourser plus qu'un Grec. »

Et, en effet, en feuilletant les registres des anciens évêchés et métropoles, nous trouvons quelques Serbes élevés à cette haute dignité. Le plus remarquable parmi ces prélats serbes est incontestablement le métropolite de Novi-Bazare Janitchié, originaire du village de Toulège, dans le département actuel de Valjévo, district de Coloubara. Un de ses contemporains a noté qu'il fût évêque pendant quarante-sept ans. Étant mort en 1816, en qualité de métropolitain de Rachka-Prisrène, Janitchié avait dû être consacré évêque en 1769, immédiatement après la suppression de l'Église de Petch ; en 1784, il devint métropolitain de Novi-Bazar ; mais on ignore quel siège il avait occupé avant cette date. Dans ce temps-là, les villes de Novi-Bazar et de Prisrène avaient chacune leur métropolitain ; mais, après la mort du métropolitain de Prisrène, Evsévié (1789), l'épiscopat de Prisrène fut confié à Janitchié, au commencement à titre provisoire, et, plus tard, en 1807, d'une manière définitive. Cet acte nous fournit encore un trait caractéristique de l'administration grecque, qui diminuait le nombre des sièges épiscopaux, tandis que l'administration locale serbe l'augmentait. Le métropolitain Janitchié a laissé après lui un très bon souvenir, et, après avoir dirigé pendant très longtemps les évêchés de Novi-Bazar (Rachva) et de Prisrène qui n'ont jamais été séparés depuis, il mourut en 1818.

Après lui, le siège de l'Église métropolitaine de Rachka-Prisrène fut de nouveau occupé par un Serbe, moine de Détchane, Hadji Zaharié, qui resta à la tête de cet évêché jusqu'en 1830.

Lorsque le grand-vizir Hourchid Pacha, en 1813, soumit la Serbie, avec lui se trouvait le pope Dina, prêtre de Niche, qui était depuis longtemps à son service en qualité de secrétaire pour la langue serbe. Lorsque les Turcs s'emparèrent de Belgrade et trouvèrent vacant le siège précédemment occupé par le métropolitain Léontié, Hourchid Pacha nomma à ce poste son secrétaire Demètre, autrement nommé Pope-Dina: il l'envoya à ses frais à Constantinople, où il fut sans retard et par la protection du sérâsker (généralissime) consacré évêque; il retourna ensuite dans le pachalik de Hourchid Pacha et prit possession de son évêché où il resta même après le départ pour Monastir, de son ami, le grand vizir (1). Après sa mort, qui survint bientôt après, le métropolitain Dionissié fut remplacé par le pope, de nationalité grecque, qui fut le pandour de Redjep, dont nous avons parlé plus haut.

Le métropolitain de Zvornik, Janitchié, qui dirigea de 1804 à 1807 l'Église du même nom, était également de nationalité serbe, il était originaire d'Herzégovine. L'évêque Antim (1852-55), fils de Zacharié, curé de la paroisse de Saraïévo, et, après lui, son père Zacharié, sous le nom de moine Sofronié, ont été encore, dans notre siècle, des évêques serbes coadjuteurs des métropolitains grecs de Saraïévo. Tous les deux sont morts à Saraïévo.

En examinant avec soin toutes ces nominations des Serbes aux différents sièges épiscopaux, on verra facilement l'influence qu'y ont exercée les seigneurs féodaux turcs... A la nouvelle de la mort de Hadji-Zacharié, Mahmoud Pacha convoqua les hommes les plus influents de Prisrène et leur dit : « Et bien, indiquez-moi un homme que je puisse l'envoyer à Constantinople pour en faire un évêque, *je ne veux personne de Constantinople, vous ne devez pas non plus le désirer.* » Mais ces hommes, craignant de tomber dans un piège qui, dans ces temps troublés, auraient pu leur être plus ou moins funeste, répondirent : « Nous n'avons personne. » C'est ainsi que le Grec Anania monta sur le siège épiscopal de Rachka-Prisrène (2). Le vieux seigneur féodal de Prisrène, Mahmoud Pacha

(1) *Académie royale de Serbie*, t. V, p. 29. Notes de S. Miloutinovitch et de L. Kovatchévitch.

(2) Panta Sretchkovitch, *Les Évêques phanariotes*, p. 21. Cette influence

Rotoulovitch a également, de ce côté, empêché tout contact de sa province avec les cercles dirigeants de Constantinople. Les autres ont agi de la même façon partout où ils ont voulu. Il a été indiqué plus haut comment, entre 1813 et 1815, deux métropolitains serbes avaient été nommés, l'un par le grand-vizir, Hourchid Pacha, qui soumit la Serbie en 1813, et l'autre par Redjep Pacha d'Adakalé.

Lorsque la centralisation s'établit en Turquie et qu'on se mit à traiter à Constantinople les affaires des provinces, les influences de ce genre devinrent à peu près impossibles. Avec l'augmentation des droits accordés aux chrétiens de la Turquie, les anciens privilèges des églises autonomes acquirent également plus d'importance, et l'intervention turque dans les affaires de l'Église se réduisit peu à peu à ce qu'elle fût dans les autres États. Mais ce n'est qu'avec la suppression des anciens préjugés et des entraves traditionnelles que la situation s'est montrée dans toute sa netteté.

La lumière du XIXe siècle, surtout à partir de sa seconde moitié, commença à pénétrer jusqu'aux endroits où elle n'avait jamais apparu jusqu'alors. Les races slaves en Turquie commencèrent à se réveiller les unes après les autres. Le goût de la littérature nationale, le désir d'avoir une Église nationale, la confiance en soi-même et l'orgueil national se manifestèrent de toutes parts. Le Bulgare qui, peu de temps avant, semblait encore avoir honte de sa langue nationale, ouvrit les yeux et commença, ainsi que les autres l'avaient déjà fait, à réclamer des droits pour sa nationalité et pour sa langue. Les circonstances exceptionnelles où se trouvaient les slaves du Sud furent la cause qui souleva ce peuple tout d'abord contre les idées hautaines et exclusives dont le Patriarcat était animé et qui représentaient les Grecs comme la nation élue et la langue grecque comme l'unique organe de l'orthodoxie dans la Péninsule balcanique. Les Bulgares, qui étaient, sous ce rapport, les plus opprimés, n'avaient que ce moyen pour manifester aux yeux du monde leur nationalité. Les Serbes n'ont pas cessé de marcher de front avec les Bulgares pendant toute la durée de ce mouvement national, sans se douter pourtant que les avantages conquis au prix de tant de sacrifices seraient plus tard tournés contre toute la race serbe.

des seigneurs féodaux de ces contrées autonomes serait pour une bonne part dans les motifs qui ont maintenu également l'indépendance des Églises d'Ochrida et de Petch.

Dans le royaume de Grèce, ce mouvement prit une direction tout à fait opposée, et, dès le début, les Athéniens ne voulurent voir dans le patriarcat que l'autorité suprême ecclésiastique de leur nationalité, oubliant tout à fait sa véritable mission. Dans le succès que le patriarcat — qui a su profiter de toutes les occasions — avait obtenu, dans le courant du siècle passé, et qui a eu pour conséquences de placer sous son autorité spirituelle toutes les églises orthodoxes de la Péninsule balcanique, Athènes n'a voulu voir dans ce succès qu'une arme excellente pour servir la cause de l'hellénisme. La politique de l'avenir est devenue chez les Athéniens modernes un sujet de distraction qui a servi à différentes combinaisons dans lesquelles la plupart d'entre eux ne voyaient rien de moins que la restauration de l'Empire byzantin sur une base nationale. Si le patriarcat avait tout d'abord favorisé ces tendances, il ne l'a fait que dans un intérêt purement matériel ou, pour parler plus clairement, dans l'intérêt du Phanar. A cette tendance, les Athéniens ont su donner une formule contemporaine et séduisante : formule d'un patriotisme élevé. Et comme les conséquences provenant de ces différentes tendances étaient identiques, tout a été prêt pour activer le travail dans les circonstances nouvelles et plus favorables.

Ces deux visées ne pouvaient faire autrement que de se heurter. Les frontières politiques des aspirations slaves et celles du nouvel Empire byzantin à base nationale, fondées les unes et les autres d'après les idées du XIXe siècle, étaient loin d'être identiques. Dans cette lutte, les Bulgares prirent le devant et demandèrent l'égalité au lieu de l'exclusivisme grec dans la sphère d'autorité de l'Église œcuménique ; ils réclamèrent l'introduction dans l'école et dans l'Église de la langue slave; ils exigèrent, pour les Bulgares, une certaine part dans les hauts postes de la hiérarchie ecclésiastique ; ils réclamèrent que les sièges épiscopaux fussent confiés à des évêques de même nationalité que la population et, enfin, comme conséquence, que le Saint-Synode de l'Église œcuménique fût composé proportionnellement aux évêchés de différentes nationalités, ou, suivant les intérêts qui devaient y être représentés, c'est-à-dire d'après les nationalités. On a encore exprimé le désir que l'on renonçât aux calomnies comme moyen de lutte, car les Grecs, dans leurs luttes contre les Bulgares, ne manquaient point de calomnier ces derniers auprès des autorités turques en prétendant que, sous le masque d'obtenir de l'Église œcuménique des droits égaux pour toutes les nationalités, les

Bulgares poursuivaient un but contraire aux intérêts de la politique de l'Empire ottoman. Ces calomnies ont ruiné nombre de maisons chrétiennes; elles ont coûté la vie à bien des patriotes.

La lutte engagée dans cette direction et qui couvait déjà depuis la fin du siècle dernier et le commencement de ce siècle, éclata après la guerre de Crimée. En dépit de longs essais de conciliation, en dépit de nombreux ennuis et de tiraillements passionnés, cette lutte se termina (1870) par le démembrement de l'Église et par le schisme actuel de l'Exarchat bulgare. Les Grecs proclamèrent ouvertement l'identification de l'Église œcuménique avec la nationalité grecque; ils ne voulurent pas reconnaître la justesse des réclamations bulgares, feignant toujours de défendre l'unité de l'Église, et ils laissèrent le morcellement s'effectuer jusqu'au bout, espérant peut-être par ce moyen sauver, du moins, le reste au profit de la domination incontestée de l'élément grec (1).

La nouvelle Église bulgare, rejetée de cette façon et mise à l'écart, végète encore à l'heure qu'il est, sans avoir pu se faire reconnaître par l'Église mère ni des autres Églises sœurs. Elle est en rébellion contre les canons, car elle n'en a pas accompli les prescriptions; elle est en rébellion aussi contre la loi impériale qui lui sert de base, car elle ne s'est point soumise à ses ordres. Elle ne reconnaît ni ne mentionne le Patriarcat œcuménique dans les prières publiques, ce qu'elle est tenue de faire et en vertu de la loi impériale et en vertu des canons; elle ne se fournit pas de saint chrême auprès de la Grande Église, comme il est ordonné par les canons et par la loi. Les liens réguliers entre la Bulgarie et la Grande Église sont complètement rompus; il n'y en a plus aucun qui les rattache.

Si du moins tous les Slaves de l'Empire turc, Serbes et Bulgares, se trouvaient envers la Grande Église dans la même situation que l'Église bulgare, il n'y aurait encore que demi-mal et les choses pourraient marcher.

Mais c'est ici que commence un mal incurable.

De même que la direction du Patriarcat œcuménique, composée exclusivement de Grecs, a oublié la vraie signification de la religion et s'est mise entièrement au service des Grecs, de la

(1) Dans une brochure publiée en 1873, à Constantinople, au sujet du différent surgi entre les Églises bulgare et grecque, on avoue ouvertement qu'on pensait pouvoir, par le schisme seul, sauver la nation grecque du bulgarisme et du panslavisme. Quelle triste illusion et combien sont tristes les conséquences qu'elle a déjà produites.

langue grecque, de l'école et de l'enseignement grecs en forçant les autres, qui n'appartenaient pas à cette nationalité, à s'instruire dans cet esprit, de même, l'Exarchat bulgare s'est jeté en pleine propagande bulgare, et ne tenant aucun compte de son caractère d'Église schismatique, il s'est mis en devoir de gagner, pour le bulgarisme exclusif et séparatiste, grâce à l'attrait qu'exerçait l'emploi dans l'Église d'une langue slave. — dans les éléments slaves sans distinction, Serbes aussi bien que Bulgares. La meilleure preuve que notre peuple a conscience de sa nationalité et qu'il est fermement attaché à sa foi éclate dans ce fait, que toutes les séductions bulgares n'ont obtenu en Macédoine aucun succès plus ou moins sérieux. Deux tiers des Serbes macédoniens se sont ralliés à l'Exarchat; mais un tiers tient toujours à la religion de ses ancêtres et, suivant l'exemple que ceux-ci leur ont légué, reste fidèle à la Grande Église quoique elle se soit obstinée à ne pas accorder jusqu'à présent la moindre concession à la nationalité slave. Cette foi inébranlable, malgré des séductions irrésistibles, est vraiment digne de respect; mais elle donne à réfléchir sur toutes les questions considérées comme dogmatiques.

Et même à l'heure qu'il est, le Patriarcat fait la sourde oreille à la moindre demande adressée par ses fidèles qui aurait pour but de leur donner une satisfaction au point de vue national.

Toute demande adressée au Patriarcat, — émana-t-elle du village le plus reculé — en vue d'obtenir l'autorisation pour célébrer la messe en Slave, est inexorablement rejetée.

L'exemple le plus éloquent de l'étroitesse d'idée dont le Patriarcat œcuménique est animé sous ce rapport, nous est fourni par l'Église serbe d'Uskube qui, il y a quatre ans, reçut l'ordre de remplacer la langue slave par la langue grecque, bien que cette ville compte tout au plus trois ou quatre maisons grecques. Il y a quelques années le métropolitain de Prisrène Melentié, enleva aux Serbes l'Église de Saint-Sauveur à Prisrène pour la céder aux Roumains pour ce motif seulement, que ces derniers employaient la langue grecque dans les cérémonies du culte.

Réclame-t-on quelque part une école serbe, les prélats du Patriarcat font la sourde oreille pour ne point remplir leurs devoirs.

Une démarche est-elle faite en vue d'ouvrir aux Serbes les rangs des dignitaires ecclésiastiques, pour qu'ils y puissent défendre les intérêts de leur nationalité, — le Patriarcat oppose immédiatement les plus fortes objections.

Mais ce qui est encore pis et dépasse tous ces maux, c'est l'insouciance des évêques grecs dans tout ce qui concerne l'enseignement.

Depuis que l'Église et l'école de nos compatriotes dans l'Empire turc se trouvent sous la direction des évêques grecs, nous pouvons certainement dire que, s'il n'avait dépendu que d'eux, ces provinces eussent perdu jusqu'à la connaissance de l'alphabet serbe, et il ne s'y fût plus rencontré d'hommes instruits. Si nous ne craignions d'être accusés de trop de partialité, nous dirions certainement que l'ignorance du peuple serbe était désirée et entretenue par les évêques grecs.

On ne connaît pas un seul évêque grec qui ait eu l'idée d'aider un Serbe de son diocèse à s'instruire soit dans les écoles impériales turques, soit même dans les écoles grecques. Mais ce qu'on a voulu éviter surtout, c'est l'entrée des jeunes gens serbes dans les écoles grecques. En voilà des preuves.

A l'aurore même des meilleurs temps en Turquie, le Patriarcat éleva en 1845, à l'île de Halki, aux environs de Constantinople, un séminaire entretenu par les évêchés dépendants du Patriarcat. C'est pourquoi chaque évêque avait droit d'envoyer à cette école un boursier de son évêché et même deux, s'il se trouvait des places vacantes. Il y a déjà cinquante ans que cette école a été fondée, et durant ce demi-siècle on ne se souvient pas qu'un évêque des diocèses slaves, et ils étaient assez nombreux, ait envoyé un seul Serbe s'instruire dans cette école de Halki et s'y préparer aux hautes fonctions ecclésiastiques. C'est pourquoi il est bien rare de trouver un Serbe dans les rangs élevés de la hiérarchie ecclésiastique, et ceux qui s'y trouvent par exception, n'ont reçu qu'une instruction insuffisante.

Et les choses étant ainsi, si vous vous avisez d'aller voir un des personnages du Patriarcat pour lui rappeler qu'il faudrait accorder aux Serbes quelques postes élevés et leur confier les évêchés serbes, on vous répondra que la Grande Église y consentirait de grand cœur si vous étiez en état de lui désigner des candidats qui fussent : a) sujets turcs; b) sachant parler le turc; c) ayant terminé leurs études dans un séminaire grec. S'il ne se trouve point de tels candidats, il est tout naturel d'en faire retomber la responsabilité sur ceux qui ont le devoir, d'après les lois divines et ecclésiastiques, de s'occuper de l'enseignement des nouvelles générations.

Toute autre explication serait superflue : car le jeu n'est que trop clair. Et ces faits si tristes sont la pire condamnation de l'œuvre des évêques grecs pendant ces trente-quatre dernières années.

VI

Mais, même à l'heure actuelle, il n'est pas encore trop tard pour réparer les maux du passé.

Aujourd'hui encore on pourrait éteindre le schisme et rétablir entre les orthodoxes de la Péninsule balcanique l'antique concorde.

La politique s'en est mêlée : elle a tourné à son profit les fautes commises par l'Église. Il suffit que l'Église écarte ces fautes, pour que tout rentre dans l'ordre.

Ceux qui dirigent le Patriarcat de Constantinople doivent se résoudre à prendre une meilleure voie. Ils doivent comprendre que la scission dans l'Église est le fruit de leurs erreurs et qu'ils en sont les vrais coupables. Ils doivent comprendre que non seulement cette scission ne pourra prendre fin avant la réparation des fautes qui l'ont créée, mais qu'elle ne fera que s'accroître, et qu'il éclatera de nouveaux schismes, si l'on persiste dans les mêmes errements.

Le Patriarcat œcuménique doit une fois comprendre que « œcuménique » ne veut pas dire « grec », et il doit comprendre qu'autres sont les devoirs des différentes sociétés patriotiques. autres ceux du Patriarcat œcuménique.

Le premier devoir du Patriarcat est d'appliquer le même traitement à tous les fidèles, sans égard à leur nationalité. Le Patriarcat n'est pas seulement une institution grecque pour ne s'occuper que des intérêts de la nationalité grecque. Introduire dans le Patriarcat l'exclusivisme, est tout simplement un abus.

C'est justement cet exclusivisme qui a fait le succès des agitateurs bulgares, la lutte engagée par eux contre cet esprit étroit et exclusif étant par elle-même pleinement justifiée.

Mais que le Patriarcat entre demain dans une voie libérale; qu'il introduise dans son administration le principe d'égalité envers toutes les nationalités sans exception; qu'il se renferme dans les limites de son véritable rôle, limites qu'il n'aurait jamais dû franchir, et l'on verra la lumière obscurcie de la

Grande Église reprendre son éclat primitif et l'œuvre de l'agitation bulgare tomber d'elle-même.

Pourquoi, par exemple, le Patriarcat ne se décide-t-il pas à faire pour les Bulgares ce que fait pour eux l'Exarchat bulgare? Pourquoi le Patriarcat n'autorise-t-il pas l'emploi de la langue slave dans les évêchés bulgares? Pourquoi ne place-t-il pas dans ces évêchés des évêques de nationalité bulgare? pourquoi ne veut-il pas se décider à introduire dans son synode des représentants bulgares? pourquoi ne s'occupe-t-il pas de l'instruction publique dans les évêchés bulgares et pourquoi, fort de ses traditions et de ses privilèges, [ne prête-t-il pas son appui pour que l'enseignement dans les centres bulgares se donne en langue bulgare? Si le Patriarcat venait à adopter cette ligne de conduite, croit-on que les évêques bulgares établis par l'Exarchat en dehors de la Principauté, pourraient se maintenir dans l'Empire turc? Pourquoi le Patriarcat oublie-t-il que des liens si solides que le sont les liens religieux, ne peuvent pas être rompus facilement et à propos des moindres prétextes? Le Patriarcat ne doit pas perdre de vue que le peuple ne s'est pas séparé à la légère de la Grande Église et que ce n'est pas sans raison sérieuse qu'il s'est jeté dans les bras de l'Exarchat bulgare. Il rentrerait sans difficulté sous le giron de l'Église aussitôt qu'Elle supprimerait les causes qui l'ont d'abord éloigné et ensuite séparé d'Elle. Et ce ne sont pas seulement les Bulgares qui ont abandonné pour les raisons citées la Grande Église; ils ont été suivis par un grand nombre de Serbes qui restent toujours séparés d'Elle. Est-ce que les départements de Pirot et de Nisch, en Serbie, n'ont pas dépendu de l'Exarchat jusqu'à l'époque de l'indépendance serbe, et est-ce que nous ne les avons pas, depuis notre indépendance, fait rentrer sous le giron de l'Église orthodoxe, rien qu'en donnant satisfaction à leurs besoins nationaux et religieux? Et tout cela ne s'est-il pas fait avec le consentement de la bénédiction de la Grande Église? Une seule larme de regret a-t-elle été versée alors pour les évêques bulgares; qui pense aujourd'hui à eux?

Ce qui s'est accompli dans ces deux départements du royaume actuel de Serbie, pourrait se renouveler si l'Église œcuménique le voulait, dans toute la Macédoine et dans toutes les provinces de la Turquie d'Europe. Il dépend de la Grande Église de rendre superflu l'Exarchat bulgare. Pour nous expliquer plus clairement encore, le Patriarcat a le droit de rendre l'Exarchat inutile ou d'attendre qu'il le devienne un jour lui-même.

Le Patriarcat a devant lui les Serbes et les Roumains qui se trouvent encore dans les provinces de la Turquie d'Europe.

Pourquoi n'emploirait-il pas envers eux des procédés plus corrects et plus libéraux ?

Les réclamations des Serbes orthodoxes en Turquie se ramènent à quelques points.

Pour donner satisfaction aux Serbes orthodoxes il suffirait :

a) D'autoriser la célébration du service divin en langue slave, dans toutes contrées de la Turquie d'Europe où la majorité des habitants en émettrait le vœu;

b) De voir les autorités spirituelles du Patriarcat, en vertu de leurs privilèges, prendre sous leur protection les écoles nationales serbes et les établissements d'enseignement qui existent à l'heure présente, ainsi que tous ceux dont les communes demanderaient la fondation, en un mot, de faire pour l'instruction nationale serbe tout ce qui a été fait ainsi que ce qui se fait actuellement pour l'instruction nationale grecque;

c) De se mettre vivement à l'œuvre pour réparer les fautes commises intentionnellement dans le passé et de commencer sans retard l'éducation d'un nombre suffisant de jeunes gens au séminaire du Patriarcat, afin de pouvoir nommer aux différents postes de l'Église, dans les contrées habitées par les Serbes, des hommes appartenant à la nationalité serbe et aussi pour relever tant de monastères abandonnés;

d) D'attribuer dès maintenant au moins deux sièges épiscopaux serbes à des évêques appartenant à la nationalité serbe.

Qu'est-ce qui empêche le Patriarcat de concéder ces mêmes avantages aux Roumains de la Turquie? Leur langue n'est ni slave ni grecque, elle est romane. Pourquoi ne pas permettre au peuple roumain de jouir de ces mêmes droits dans les contrées où les communes seraient exclusivement roumaines et dans celles dont la population serait en majeure partie roumaine?

Dans les circonstances actuelles, l'essentiel est que le Patriarcat fasse voir par des faits, et par sa façon d'agir, à l'égard de n'importe qu'elle nationalité, qu'il a renoncé à sa conduite exclusivement grecque, et qu'il veut suivre enfin la voie régulière et adopter une conduite large, vraiment œcuménique, également maternelle pour toutes les nationalités, en un mot, qu'il est résolu à se mettre sincèrement au service de la religion et de l'instruction de tous ses fidèles sans exception, en tenant compte de leur langue et de leurs besoins.

Les Serbes et les Roumains sont là — qu'il leur prouve enfin ses nouvelles dispositions. — Aussitôt que ce changement sera connu, les motifs qui ont créé l'Exarchat bulgare tomberont d'eux-mêmes et l'Exarchat perdra sa principale raison d'être, qui lui a valu tant de succès; et parmi les populations slaves de la Turquie d'Europe, les partisans de la Grande Église, maintenant découragés, se sentiront réconfortés et animés d'une nouvelle ardeur. Lorsque par cette nouvelle conduite la Grande Église sortira de l'égarement dans lequel elle se trouve aujourd'hui; lorsqu'elle apparaîtra dans toute la splendeur de sa mission œcuménique, ses fidèles en auront vite fini avec le schisme, qui fondra comme la neige aux rayons d'un soleil printanier.

C'est en suivant cette voie, la seule juste et correcte, qu'on arriverait sûrement à rétablir l'ordre dans l'Église orthodoxe de la Péninsule balcanique, ordre troublé depuis un quart de siècle. C'est par cette voie seulement qu'on supprimera les scènes regrettables que nous voyons se produire assez souvent dans certains évêchés qui possèdent deux évêques, l'un canonique, l'autre schismatique, et où des chrétiens de la même foi, très souvent appartenant à la même nationalité, se divisent en deux groupes, dont l'un, en minorité, reste fidèle à l'évêque légal, et l'autre, plus nombreux, reconnaît l'autorité de l'évêque schismatique.

C'est de cette façon que, par la marche naturelle des choses et sans grande peine, disparaîtra la raison d'être de tout évêché bulgare en dehors de la Principauté, et que l'Église de cette Principauté se soumettra d'elle-même à l'autorité de l'Église œcuménique et renoncera au schisme dans lequel le maintient aujourd'hui l'attrait irrésistible de la propagande nationale au profit de la cause bulgare, propagande qui est soutenue et alimentée par la Principauté et qui se développe au détriment de l'union des chrétiens orthodoxes. Les Bulgares copient aujourd'hui les Grecs; ils ont recours pour leurs besoins bulgares à la tactique suivie autrefois par les Grecs. Il n'est que temps que la Grande Église prenne la défense des intérêts religieux de tous les orthodoxes sans distinction de nationalité.

Est-ce que de pareils résultats ne seraient pas assez séduisants? Se vouer au service de la vérité et de sa véritable mission n'exerce-t-il plus un attrait suffisant sur les cœurs et les esprits de notre siècle? Est-ce que ceux qui se trouvent à la tête de l'Église œcuménique n'ont pas assez de force et assez de dévouement à la cause de la religion pour qu'il se trouve parmi eux un homme résolu à mettre tout en œuvre, afin d'arracher l'Église œcuménique des griffes d'une propagande nationale effrénée et d'arrêter par là l'autre propagande qui tire son profit de la faute de sa rivale.

VII

En terminant, nous voulons adresser quelques paroles finales au nouveau patriarche lui-même, à Sa Sainteté Antime VII.

Ce n'est pas peu de chose dans la vie d'un homme, lorsqu'il échoit à un ecclésiastique la grande et sainte mission de servir l'Église et l'orthodoxie comme chef de l'Église œcuménique.

Parmi les nombreux prélats qui ont occupé ce poste dans le cours des siècles, il y en a bien peu qui se soient véritablement élevés au-dessus des autres et qui, de simples religieux, soient devenus des saints et aient servi de modèle à la postérité.

Mais, dans le néant de ce monde, il n'y a qu'une telle vie qui ait de la valeur; seule, une telle vie dépasse hautement les vies ordinaires.

Nous savons qu'actuellement la volonté et l'énergie du patriarche sont contrecarrées par l'esprit étroit et exclusif des conseillers phanariotes. Par leur esprit exclusif au profit de leur nationalité, les conseillers phanariotes éveillent les mêmes aspirations dans chaque nationalité orthodoxe de la Péninsule balcanique.

Mais ces conseillers élus d'une seule ville et d'une seule nationalité ne représentent pas l'Église œcuménique; cette Église est représentée par le patriarche qui est seul son représentant. C'est lui qui est responsable devant l'histoire des maux qui peuvent l'atteindre; mais aussi c'est à lui qu'on attribue le mérite de tout acte qui relèverait l'éclat de l'Église aux yeux de ses fidèles et du monde.

L'Église œcuménique de la Péninsule balcanique est démembrée, déchirée, humiliée, exposée à la risée et au persiflage de ses ennemis. On sacrifie les devoirs réels de l'Église œcuménique au programme irréalisable de restaurer l'Empire byzantin sur une nouvelle base nationale. C'est pour l'amour de cette étrange fantaisie que l'on consent au démembrement et à la décadence de la religion; et, pourtant, il reste douteux que l'on puisse jamais voir la réalisation de ce rêve politique. Le patriarche est en vérité plutôt un jouet entre les mains des créateurs de plans politiques, qu'il n'est le ministre de l'Église qu'il a mission de servir.

S'il faut admettre pour vrai tout ce qui a été raconté au début (chap. I) de la mésintelligence qui a existé entre certains patriarches et les hommes auxquels ils devaient en référer, comme à leurs principaux conseillers, il est certain que les patriarches jusqu'à ce jour ont plus ou moins senti le désaccord naturel, dont nous venons de parler, dans la compréhension de leurs devoirs. Il y a eu, sans doute, des moments où ils balançaient entre deux genres de conduite, se demandant s'ils devaient marcher dans la voie que leur prescrivait la conscience de leur dignité de chef de l'Orthodoxie ou bien dans la voie que leur recommandait l'idée d'une propagande nationale. On dit même que quelques-uns ont failli à leurs devoirs dans cette alternative. S'il en est ainsi, leur faiblesse ne peut vraiment qu'être condamnée.

Sa Sainteté Antime VII est nouvellement en possession de sa haute charge. Il assume pour la première fois le lourd fardeau que constitue la responsabilité de l'Église orthodoxe universelle.

Il nous suffit de lui rappeler qu'au moment même où il commençait d'exercer sa mission, l'Exarchat bulgare a fêté le vingt-cinquième anniversaire de sa fondation, qui aurait pu être évitée si, il y a vingt-cinq ans, le Patriarcat œcuménique avait montré plus de patience, plus de prévoyance et moins d'exclusivisme.

En soumettant ces réflexions à Sa Sainteté, nous lui faisons hommage de ces pages. Puisse la miséricorde divine lui donner la sagesse et les forces de diriger l'Église œcuménique de la Péninsule balcanique dans la voie du salut et non dans la voie de la perdition. La voie suivie jusqu'à ce jour ne peut conduire qu'à la ruine; le salut se trouve uniquement dans une voie nouvelle, dans la voie d'une condescendance large, d'une condescendance vraiment œcuménique.

INDEX

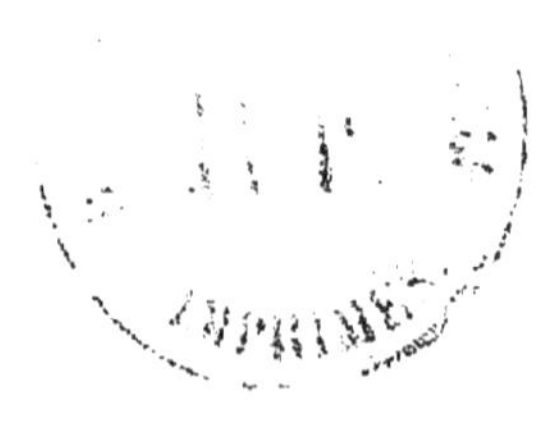

PARIS. — IMP. E. FLAMMARION, RUE RACINE, 26.

www.ingramcontent.com/pod-product-compliance
Lightning Source LLC
Chambersburg PA
CBHW061316050726
47594CB00004B/1747